海舟先生　氷川清話

序

拝呈、今度『氷川清話』ご出版につき、拙者にも一言、海舟翁にかんして開陳いたすべき旨、敬承いたし候《そうろう》。海舟翁は、小生においては二世の師に候。そのあまりに近接したりしがために、いまさら白々しく、とかく評判もいたしかね候。

ただ海舟翁が、衆人封建的の天地に跼蹐《きょくせき》したる当時において、早くも挙国一致的の大経綸をなし、九死一生の衢《ちまた》に立《たち》て、従容《しょうよう》自若、その難局を理《きわ》め、さらに三十余年の残生を剰《あま》しつつ、後生のために活ける教訓を恵まれ候こと、何人も感謝する所たるべく候。

善く言う者善く行わずと申し候えども、翁のごときは、善謀善断、善言、善行、実に稀有の人物と存じ候。

まずは右迄かくのごとくに候。その簡略にすぎ候は、あまりに言うべきことのなきがためと思しめし相なりたく候。頓首。

徳富猪一郎

はしがき

勝先生は、必ずしも哲学者にあらず、しかも哲学者たるの頭脳あり。必ずしも経世家にあらず、しかも経世家たるの事業あり。必ずしも君子にあらず、詩人にあらず、しかも君子たり詩人たるの性格と襟懐とあり。旧幕府の名士たりしと同時に、明治の逸民たり。眼の人たりしと同時に、手の人たり。しかして先生の世にあるや、必ずしも大政に参与せずして、政治家のためにその方針を指示し、必ずしも実務に当たらずして、実業家のためにその正路を示し、必ずしも文芸に長ずるにあらずして、文学家のために説き、必ずしも宗教に通ずるにあらずして、宗教家のために喩《さと》し、必ずしも教育に関せざる者のごとくにして、青年子弟のために訓戒し、国民は社会の木鐸《ぼくたく》としてこれを仰ぎ、知らず識《し》らざるの間に、先生の感化を蒙《こうむ》りたりき。これ実に先生が、一世の達人たる所以《ゆえん》にして、国民が今日に至るまで、その遺徳を追懐して止まざる所以なり。

先生は、氷のごとき頭脳に、火のごとく感情を有し、炬のごとき眼光に、海のごとき度量を有したり。しかしてその意志は堅実に、その知慮は明達に、その精神は正大に、大事に糊塗せず、小事も滲漏《しんろう》せず。その言う所は行う所にして、行う所はその言う所なり。ゆえに先生の言、時ありて熱罵となり、冷嘲となり、危言となり、痛語となり、政治に、経済に、軍事に、宗教に、文学に、社会に、一切の時事問題にして、先生胸底の琴線に触るる時は、一種警醒的教訓となりて、社会の隅より隅に反響せざるはなし。そのゆえ何ぞや。先生の言論は、渾《すべ》てこれ至誠惻怛《そくだつ》熱血の迸《ほとばし》るところにして、真和を局外に求め禅機を手中に弄する者あればなり。予がここに『氷川清話』を撰刊したるは、先生が社会的教訓を世に紹介せんがためなり。

顧《おも》うに、予のはじめて本書の刊行を先生に乞いしや、先生懇《ねんご》ろに語りて曰く「損をしてはならぬから、止《や》めたほうがよかろう」と。また当時先生が、枢密院において、東久世《ひがしくぜ》伯、尾崎男に会せし時にも、予がために心配する旨を洩《もら》されたりという。しかるに、この書一たび世に出《い》ずるや、読書社会のこれを歓迎する、あたかも大旱《たいかん》の雲霓《うんげい》におけるがごとく、初版即日に尽き、再版三版もまた旬日を出《い》でずして尽き、かくて版を重ぬること十有余版に達し、進んで、出版界に独行闊歩したりし者は、人心渇望の機に由《よ》るというといえども、先生の人物、性格、事業、社会の中心たり、一代の木鐸たるにあらざるよりは、いずくんぞ能《よ》くここに至らんや。しかして先生がかつて予のために心配せられしは、全く一片の婆心たるに過ぎざりしなり。

先生逝きしよりここに十年、社会の風紀ますます頽敗《たいはい》を告げ、人心茫洋として帰する所を知らず。ここにおいてか、天下先生の風采徳容を追懐して、その片言隻語を珍重し、本書を読まんとする者、いよいよ多きを加うるにあり。しかるに、毎編原版ようやく磨滅し、江湖の希望に応ずること能《あた》わず。因《より》て今は、三編を合して、一部の書となし、さらに全体に改訂を加え、その談話のごときは、性質によりてこれを類別し、かつ原版外の清話数十則を増加し、もって先生に私淑せんと欲する有志の士に頒《わか》つことと為《な》しぬ。先生在天の霊にして知るあらば、はたして賛挙となしたまうや否や。

嗚呼《ああ》、先生は大人なり。哲人なり。君子なり。その事業必ずしも大ならずといえども、その徳は盛んに、その教えは長し。しかもその正気凛然、天地の間に磅礴《ほうはく》たるに至っては、千載《せんざい》朽ちず。永くわが国民の教訓となるや必せり。これ予が本書を撰刊してこれを世に公にせし所以なり。

吉本 襄

海舟先生 氷川清話

一、経歴世変談

号の由来　おれが海舟という号を付けたのは、象山《しょうざん》の書いた「海舟書屋《しょおく》」という額がよく出来ていたから、それで思いついたのだ。しかし海舟とは、もと誰の号だか知らないのだ。

安芳《やすよし》というのは、安房守《あわのかみ》の安房と同音だから改めたのよ。実名《じつみょう》は、義邦《よしくに》だ。詩は、壮年の時に、杉浦梅潭《ばいたん》に習い、歌は、松平上総介《かずさのすけ》に習い、書は、伯父の男谷《おだに》にならったこともあるが、手習《てならい》などに、骨を折る馬鹿があるものか。

餅をつく銭がない　おれが子供の時には、非常に貧乏で、ある年の暮などには、どこにも松飾りの用意などしているのに、おれの家では、餅をつく銭がなかった。

ところが本所《ほんじょ》の親属のもとから、餅をやるから取りに来い、と言ってよこしたので、おれはそれを貰《もら》いに行って、風呂敷に包んで背負うて家に帰る途中で、ちょうど両国橋の上であったが、どうした機《はずみ》か、風呂敷が忽《たちま》ち破れて、せっかく貰った餅は、みんな地上に落ち散ってしまった。

ところがその時は、もはや日は暮れているのに、今のような街燈はなし、道は真闇《まっくら》がりで、それを拾おうにも拾うことができなかった。もっとも二ツ三ツは拾ったが、あまり忌々《いまいま》しかったものだから、これも橋の上から川の中へ投げ込んで、帰って来たことがあったっけ。

一筋の帯を三年間
一両二分出して日蔭町で買った一筋の帯を、三年の間、妻に締めさせたこともあったよ。この頃は、おれは寒中でも稽古着と袴《はかま》ばかりで、寒いなどとは決して言わなかったよ。米もむろん小買いさ。それに親は、隠居して腰ぬけであったから、実に困難したが、三十歳頃から少しは楽になったよ。
かつて親父が、水野のために罰せられて、同役のものへお預けになった時には、おれの家をわずか四両二分に売払ったよ。それでも道具屋は、殿様ダカラこれだけに買うのだなどと、恩がましく言ったが、ずいぶんひどいではないか。その同役の家というのは、たった二間だったが、その狭い所で同居したこともあったよ。

その後立身して千石になった時にはよかったが、それが間もなく御免になった時などは、妻が非常に困ったよ。元来《がんらい》おれの家には、その頃から諸方の浪人がたくさん食客《いそうろう》にいたのだからのー。

それゆえ妻は、始終人に向って、宿《やど》では今度は長く務めていますようになどと言っていたよ。

書物を買う金がない　これはおれの大切な紀念物で、話せば長いが、今も言う通り、壮《わか》い時代におれは非常に貧乏で、書物を買う金がなかったから、日本橋、江戸橋との間で、ちょうど今三菱の倉がある所へ、嘉七という男が小さい書物屋を開いていたので、そこへおれはたびたび行って、店先に立ちながら、並べてあるいろいろの書物を読むことにしておった。すると向うでもおれが貧乏で書物が買えないのだということを察して、いろいろ親切に言ってくれた。

渋田利右衛門　ところがその頃、北海道の商人で渋田利右衛門という男もたびたびこの店へ来るので、嘉七からおれの談《はなし》を聞いて、それは感心なお方だ、自分も書物を大変に好きだが、ともかくも一度会ってみようというので、つい嘉七の店で出会った。ところが渋田のいうには、同じ好みの道だから、この後ご交際を願いたい。私もお屋敷へ伺いますから、あなたも何とぞ私の旅館へお出で下さいといって、無理に引っ張って行った。

旅館というのは旧《もと》の永代橋《えいたい》あたりだったが、そこでその日はゆるり談《はな》しをした。

この男は元来箱館《はこだて》の商人の子で、子供の時から本が非常に好きで始終本ばかり読むので、親がひどくこれを嫌って書見はいっさい禁じたのを、なお隠れがくれに読んでいたところが、ある時親から見つけられて、むごい目に叱られた上、懲《こ》らしめのために両手を縛って二階へ押込められ、一日飯も食わないで居らせられた。

やがて日暮れになると、親はもう懲りたであろうと思って、二階へ上ってみると、懲りるどころか、縛られながらもその辺に落ち散ってあった草双紙《くさぞうし》を、足で開いて読んでいるので、親もとうとう我を折って、これからは家業さえ怠らねば書見は許すということになった。

そこで渋田は非常に喜んで、家業の余暇にはいろいろな書物を買って読み、江戸へ出た時などには大層な金をかけて沢山の珍本や有益の機械などを求めて帰って、郷里の人に説き聞かせるのを、一番の楽しみにしているということであった。

その談しの中にはなかなか面白い事があって、人物も高尚で、ちょっと見たところでは色が白くて痩せ形で、さながら婦人のようだけれど、どことなく毅然として動かないところがあって、確かに一種の人物らしかった。
二、三日すると、渋田は自分でおれの内《うち》へやって来た。この頃おれの貧乏というたら非常なもので、畳といえば破れたのが三枚ばかりしかないし、天井といえばみんな薪《まき》につかってしまって、板一枚も残っていなかったのだけれども、渋田は別段気にもかけないで落ちついて談《はなし》をして、かれこれするうちに昼になったから、私が蕎麦《そば》でもおごりましょうかと財布より銭を出し、一所《いっしょ》にこれを食って平気でいる。そしていよいよ帰りがけになって、懐《ふところ》から二百両の金を出していうには、これはわずかだが、書物でも買ってくれといった。

あまりの事に、おれは返辞《へんじ》もしないで見ていたら、渋田は、いやそんなにご遠慮なさるな。こればかりの金はあなたに差上げなくとも、じきにわけもなく消費《つか》ってしまうのだから。それよりは、これであなたが珍しい書物を買ってお読みになり、その後を私へ送って下されば、何より結構だといって、強《し》いて置いて帰ってしまった。

この罫紙《けいし》も実はその時に渋田がくれたので、面白い蘭書があったら翻訳してこの紙へ書かせて下され、筆耕料などは今の二百両の内から払って下されと頼んだのだけれど、実際はおれが貧乏で紙にも乏しかろうと思って、それでくれたのだ。その後もたびたび罫紙を送ってくれたが、この日記帳もつまりその紙で綴《と》じたのだ。

それからというものは双方絶えず音信《たより》を通じていたが、おれがいよいよ長崎へ修業に行くことになると、渋田は非常に喜んで、これでこそ私の平生の望みも達したというものだ。私も一度は外国の土地までも行ってみたいと思うけれど、親の遺言もあるから自由な事はできない。が、今日あなたに斯様《かよう》なご命令の下ったのは私に下ったのと同じように私は心得ているから、どうぞ十分にお勉強なさいといって、おれを励ませてくれた。

おれもこの男の知遇にはほとほと感激して、いつかはこれに報《むく》ゆるだけの事はしようと思っていたのに、惜しいことには、渋田はおれが長崎にいる間に死んでしまった。こんな残念な事は生れてからまだなかったよ。

長崎へ行く前におれが渋田と別れる時に、渋田は、万一私が死んで貴下《あなた》の頼りになる人がなくなってはといって、二、三人の人を紹介してくれたが、その一人は嘉納《かのう》治右衛門。これは治五郎の親に当るので、灘《なだ》の酒屋をしていたのだ。後におれが神戸へ行った時には、機械の類《たぐい》はみんなこの人に買ってもらったのだ。今一人は伊勢の竹川竹斎《ちくさい》という医者で、その地方では屈指の金持で、蔵書も数万巻あった。それから今一人は日本橋の浜口。国会議員をしている浜口の本家であった。すべてこれらの人はそれぞれ一種の人物で、さすがは渋田の眼識は高いものだと、おれは後で覚った。

御維新《ゴイッシン》前に箱館奉行に談《はなし》をして、渋田の遺書をいっさい奉行所で買い上げて、その子孫には帯刀を許すようにしてやったが、後で奉行は珍本の沢山あったのに驚いていたよ。箱館の人に聞いてみると、渋田という男は家業には勉強するが、あまり性急《セッカチ》なために時々失敗したというくらいな事で、誰もそのえらかった事を知らないようだ。

全体渋田は自分でもあまり高ぶらなかったのだけれど、しかしある時おれに向って、世間でいうところの大家先生にもあまり感服する人はいない、というたくらいで、世の中の人をあまり恐れてはいなかったのだ。

あの嘉七という本屋に聞いたら、渋田が毎年買入れる書物の代は、どうしても六百両以上であったということだ。

海軍へ出てから　おれは今日までに、都合二十回ほど敵の襲撃に遭《あ》ったが、現に足に一ケ所、頭に一ケ所、脇腹に一ケ所の疵《きず》が残っているヨ。

安政二年におれが初めて海軍へ出てから維新の頃までに、ずいぶんいろいろの危難に遭遇して、これがためにおれの胆も坐ったのだ。

五島の難　これは安政三年のことだが、その秋はちょうど海軍伝習所の学年代りで、生徒も教師もたいてい代ったけれど、おれはなお残っておったので、その際三日ばかり休日があった。

そこでおれはゴットル船に乗って遠洋航海をやろうと思って、教師に願い出たところが、この二、三日は天気が危いから、今少し後に延ばせとの事であったけれども、すでに海軍へ出ている以上は、難船して死ぬるのはもとより覚悟だといって、生徒柴弘吉《しばひろきち》ほか七、八名と水兵六名とを連れて、強《し》いて行掛けた。

教師は、くれぐれも、強いて危い所へは行くな、たいてい十五、六里くらいを限りにして、それより遠方へは出るなと、親切に注意してくれたけれど、深くも耳に留めずに、五島《ごとう》あたりまでは何の事もなく進航した。

すると西南の方から忽《たちま》ち暴風が黒雲とともに吹き起って、帆も何もすっぱりきかなくなってきた。さあ大変だというもので、これを防ぐ方法を講ずるのだけれど、水兵どもは狼狽して、ちっとも指図通りに働いてくれない。ともかくも肥前《ひぜん》の海岸へ寄ろうと思って、惣掛《そうがか》りであせるのだけれど、風はますます荒れるし、術はまだ拙《つたな》いと来ているから、瞬間《ほん》のまに沖の方へ吹き流されてしまう。おれは早く錨《いかり》を下せと命令したが、海が深くて三十尋《ひろ》の錨縄では底へ届かないという。

かれこれするうちにとうとう暗礁へ乗り上げて、舵《かじ》は毀《こわ》れるし、船には孔《あな》があいて潮水がどんどんはいりこむ。おれはそこで、もう駄目だと思って、大声でもって、自分が愚かで教師の命令を用いなかったために、諸君にまでこんな難儀をさせる。実に面目ない次第だ。自分の死ぬるのは、まさにこの時だと叫んだところが、水兵どもはこの語に励まされて、再び勇気を回復して、これからは手足を動かすように万事おれの指図に従ってくれて、どうかこうか暗礁をも離れた。それにまた幸な事には雨風もこの時分から次第に止《や》んだので、一同全力を尽して海岸の方へ寄せ着けた。

その夜は海上に浮びながら、ともかくも船を仮りに修繕して、翌日晴天になるのを待って、とうとう他人の助けは少しも借らないで長崎まで帰ってきて、それからすぐに教師のところへ行って昨日からの顚末《てんまつ》を談《はな》してその命令を用いなかったことを謝したところが、教師、名前はカッテンテーキといったが、笑いながら、それはよい修業をした。いくら理窟《りくつ》は知っていても、実地に危い目にも遇《あ》ってみなければ船の事はわからない。危い目といっても十度が十度ながら各別なので、それに遭遇するほど航海の術は分ってくるのだと教えてくれた。

この時におれは理窟と実際というものは、別だということを、いよいよ明らかに悟ったよ。

対馬の難　これもやはり安政三年の秋の末であったが、咸臨丸《かんりんまる》に乗って五島あたりへ航海し、それからずっと対馬《つしま》の府中へはいり込んで、三日の間いろいろ親切な待遇を受けて、さらに釜山沖へ行って朝鮮の陸地を眺望して帰ったことがあったが、ちょうどこの時おれは、教師のハントローエンと、ハルジスと、この二人とともに対馬の西北を測量しておったら、小川の海に注ぐのがあまり景色がよいので、三人して端艇《たんてい》を下して、その小川を一、二町溯《さかのぼ》った。

あまり深くはないが、水が非常に清《す》んで底の石さえ数えられるのに、暫《しば》しは余念もなく見とれていた。

ところが突然二人の教師があッと叫んだので、おれは驚いて四辺《あたり》を見まわした。すると川の岸に稲束を掛けて干してあって、その後ろに一軒の瓦家があったが、その稲の蔭《かげ》で二人の武士が、火縄銃をもってわれわれを覘《ねら》って、今や火蓋を切ろうとするところであった。

おれも一時は驚いたが、すぐさま艇《はしけ》から飛び出て、携えていた馬の鞭《むち》でやにわにその火縄を打払うた。ところが二人の武士も、おれの勢に恐れて、後ろの瓦家へ逃げ込んだのを、追《おい》かけて行って散々に叱ってやった。

すると向うも初めておれが日本人であるということを知って、大いに恐れ入って中訳をしていうには、異船が碇泊して異人が上陸するのだと思い込んで、私どもは番士の職を奉じているところから、只今《ただいま》のような振舞に及びましたというから、おれは実際を話し聞かせてやったら、彼らはますます恐れ込んで、もしこの事が表沙汰になると、私どもは重い罪に処せられるから、何とぞ内輪で済ませて下さいと頼むので、おれも田舎《いなか》武士の無識《むしき》なのを哀れんで、それなりにしてやったが、おれもこの時からは、ずいぶん胆がすわって、冒険の心がむやみに起ってきた。

伊豆沖の難　安政六年になって、幕府で近日外国へ使節を派遣するという議が決したので、おれは少し考えがあって断然江戸へ帰ることを願い出た。すぐ聞届けられたから、正月五日に朝陽艦に乗っていよいよ長崎を出発して、一昼夜で下関へ着き、それから讃《さぬ》岐《き》の塩飽《しわく》島まで来てここで錨《いかり》を下した。これは年来おれとともに船で働いてくれた水兵などがみなこの島の人間だからだ。

それで十日に出帆して、十一日の暁《あかつき》には紀州の大島あたりまで来たところが、雪が降り出して風も相当に強くなったけれども、先を急ぐから物ともせずにどしどし進航して、伊豆の大島へ今三十里というあたりまで来た。

すると風はますます荒れるし、雪はいよいよ降るし、波はしばしば甲板の上を洗うので、船員必死になって働くけれど、船は少しも進まない。そこでおれも決心して、少しでも風を受けないように、端艇を悉《ことごと》く切り捨ててしまった。風が今一層烈《はげ》しくなったら檣《ほばしら》も三本ながら切り倒すつもりだ。

士官や水兵は、ずいぶん骨を折ってくれたのだけれど、なにぶん飯も食わないで、水の中を働いていることだから、力も何も抜けてしまって、おれさえも後ろの檣へ体を縛りつけて、ようやく指図をしたくらいだ。のちには体が氷のように冷えて、声も出なくなった。

夜になると縄が自《おのず》から断たれて、おれはほとんど海の中へころげこむところであったけれど、辛《かろ》うじて起き上りて再び体を結びつけて、それでもなお指図をした。一時はおれも目がまわってほとんど人事不省に陥ったけれど、水兵などもそれを助けてくれることができなかったのだ。

こういう風《ふう》で波のまにまに漂っていたところが、幸に風も次第に衰えてきたから、一昼夜もかかってようやく伊豆の下田まで帰った。実にこの時は一同死を決していたので、その助かったのはまことに意外の事であった。今日から回想してみても、ほんに身の毛がよだつようだ。

日本海軍の基礎　また万延《まんえん》年間に、おれが咸臨丸《かんりんまる》に乗って、外国人の手は少しも借らないで、アメリカへ行ったのは、日本の軍艦が、外国へ航海した初めだ。咸臨丸は、オランダで製造した船だ。

あの頃には、幕府も浪人も、口を揃えて海軍の必要を論じたけれども、しかし軍艦は、どうして製造するのか、金はどれくらい入用なのか、また乗組人はどんな事をするのか、一向だれにも分らないのサ。

しかし、とにかく海軍は必要であるということだけは気付いたから、それでおれなどを長崎へ遣《や》って、オランダの海軍教師のヘルセレーキという人に付けて、海軍術を研究さしたのだ。

その頃の海軍術も今日の海軍術も、原則においては少しも違わない。航海術、運用術、機関術、算術など六課目ほども毎日勉強させられたのだ。天文学なども無論勉強したヨ。それにみな横文字でやるのだから、おれのように前から蘭学をやっていたものは都合がよかったけれど、漢学ばかりやっていたものが多かったから、なかなか骨が折れたヨ。しかしとにかく二年で一まず卒業する筈《はず》だったが、おれは都合六年もおって新入生を教授したりなどしたから、かなりに技倆《ぎりよう》を養うことができたヨ。

その頃また長崎のほかに築地でも海軍所を建てて、列藩の子弟を教育しておったが、これらがまず日本海軍の基礎となったのサ。

咸臨丸で太平洋を渡る

さて、おれが咸臨丸《かんりんまる》に乗って、いよいよ江戸を出帆しようという場合になると、幕府ではなかなかやかましい議論があって容易に承知しない。そこでおれも、勝麟太《りんた》郎《ろう》が自ら教育した門生を率いて、アメリカへ行くのは、日本海軍の名誉である、と主張して、とうとう万延元年の正月に、江戸を出帆することになったのだ。ちょうどその頃、おれは熱病を煩《わずら》っていたけれども、畳の上で犬死をするよりは、同じくなら軍艦の中で死ぬるがましだと思ったから、頭痛でうんうん言っているをも構わず、かねて通知しておいた出帆期日も迫ったから、妻にはちょっと品川まで船を見に行くといい残して、向う鉢巻ですぐ咸臨丸へ乗りこんだヨ。それから横浜へ行って石炭を積み、いよいよ東へ向って日本の地を離れたのだ。

この咸臨丸というのは、長さが三十間ばかりの極めて小さい船だったヨ。噸《トン》数は今ちょっと忘れたが、乗組員は上下合せて百余名もあっただろうヨ。

およそこの頃遠洋航海をするには、石炭は焚かないで、帆ばかりでやるのだから、咸臨丸も幾たびか風波のために難船しかかったけれども、乗組員いずれもかねて覚悟の上の事ではあり、かつは血気盛りのものばかりだったからさほど心配もしなかった。おれの病気もまた熱のために吐血したこともたびたびあったけれど、ちっとも気にかけないでおいたら、桑港《サンフランシスコ》へ着く頃には、自然に全快してしまった。

桑港へ着くと、日本人が独《ひと》りで軍艦に乗ってここへ来たのはこれが初めだといって、アメリカの貴紳らも大層賞めて、船底の掃除やペンキの塗りかえなども悉皆《しっかい》世話してくれたヨ。

それからおれどもは、南アメリカへまわって、日本へ帰ろうとしたところが、アメリカの人たちは、ここまで来ればよいから、そんな無謀の事はやめて、早く日本へ帰れといったけれども、船中書生気質《かたぎ》のものばかりだからそんなことには耳を傾けない。そこでおれどもより先にアメリカへ来ていた日本の使節は、この事を聞いて、おれどもを狂気だといって、断然南米廻航のことを禁じた。

使節から禁止せられては、一言もないものだから、おれども鬱勃《うつぼつ》たる雄心を抑えて、すごすご帰国の途に上ったが、行きがけにどこへも寄港しなかったから、帰りには布哇《ハワイ》に立寄って、それから浦賀へ帰った。

桜田の変を知る　浦賀へ着いたから、おれは一同を入浴のために、上陸させてやろうとしているところへ、浦賀奉行の命令だといって、捕吏がどやどやと船中へ踏みこんで来た。おれも意外だから、無礼者め、何をするのだと一喝したところが、捕吏がいうには、数日前、井伊大老が桜田で殺されたについては、水戸人は厳重に取調べねばならぬというから、おれも穏やかに、アメリカには水戸人は一人もいないからすぐに帰れと、冷やかして帰らしたヨ。しかし、おれはこの時、桜田の変があったことを初めて知って、これは幕府はとても駄目だと思ったサ。

さて、それから品川へ船を廻して一同上陸したが、おれも久しぶりで家へ帰ろうとする途中で、コレラ病に取りつかれたのだ。

渡航の余話　航海中水夫らには、筒袖の襦袢《じゅばん》に裁着《たつつ》けを穿《は》かしていたが、おれは日本服も着たり、西洋服も着たりしたヨ。

この頃、桑港から便りがあったが、あの時おれが泊ったホテルで掲げていた歓迎の旗が今に保存してあって、時々おれどもの噂《うわさ》も出るそうだ。

以蔵の早業　文久三年の三月に家茂公《いえもち》がご上洛なさるについて、その頃京都は実に物騒で、いやしくも多少議論のある人は悉《ことごと》くここへ集まっていたのだから、将軍もなかなか厳重に警戒しておられた。

この時おれも船でもって上京したけれど、宿屋がどこもかしこも塞《ふさが》っておるので、致し方なしにその夜は市中を歩いていたら、ちょうど寺町通りで三人の壮士がいきなりおれの前へ顕《あらわ》れて、ものをも言わず切り付けた。

驚いておれは後へ避けたところが、おれの側《そば》にいた土州の岡田以蔵《いぞう》が忽《たちま》ち長刀を引き抜いて、一人の壮士を真っ二ツに斬った。弱虫どもが何をするかと一喝したので、後の二人はその勢いに辟易《へきえき》して何処《いずこ》ともなく逃げて行った。おれもやっとの事で虎の口を遁《のが》れたが、なにぶん岡田の早業《はやわざ》には感心したよ。

後日おれは岡田に向って、君は人を殺すことを嗜《この》んではいけない。先日のような挙動は改めたがよかろうと忠告したら、先生それでもあの時私がいなかったら、先生の首はすでに飛んでしまっていましょうといったが、これにはおれも一言もなかったよ。

禁門の変　長州の兵隊が宮闕《きゅうけつ》を犯したのは、元治《げんじ》元年七月十八日であったが、おれは例のごとく神戸の海軍仮局にいたところ、夜になると京都の方の空が真赤に見えた。これは何か変った事があるに相違ないと思って、観光艦に出帆の準備をさせておいたら、果して翌日大坂から飛脚《ひきゃく》が来て、長州藩が順逆を過《あやま》ったために、昨夜蛤御門《はまぐりごもん》や、竹田街道や、伏見表で戦争があったという事を知らせた。

そこでおれはすぐに船に乗って大坂へ行ったが、ちょうどこの時、毛利家の嫡子長門《ながとの》守《かみ》が上京のため、十三日に国元を立って今夜か明日か兵庫へ着くということであったから、かねておれの家へ隠れていた長州の竹田庸二郎と、ほかに今一人を神戸へ残しておいて、もし長門守が着かれたら、昨夜の事はただ無謀の徒《ともがら》が一時の快を取るために起したので、決して深い考えなどあるのではない。長州侯のご意見はもとより彼らとともに事をなさるというのではあるまいと、勝が申したと伝えてくれよと頼んでおいた。

長州の敗亡　さて、二十一日には大坂城で議論が沸騰して少しも決しない。そこで、おれが発議して、斥候《せっこう》を放って京都の形勢を覗《うかが》わせたけれど、みんな恐れて少しも深入りをしないから、容子《ようす》はいっさい分らない。

仕方がないから今度は、おれが自ら斥候になって、桜ノ宮からずっと淀川に傍《そ》うて進んで行くと、上《かみ》の方から一艘の船が三人の壮士を乗せて下ってきて、おれの立っている前まで来ると、三人とも船を捨てて上陸した。おれはどうしようかと少し狼狽したけれど、ともかくも彼らのなすところを見ようと思って、じっと立っていたら、そのうちの二人は、突然刺し違えて死ぬるし、今一人も喉を貫いて死んでしまった。おれも一時は驚いたが、少し経つと動悸も静まって、ははあ、これでは長州はすでに敗れたのだなと悟った。

これで一まず安心だと思って、三軒家まで帰ったところが、川の中に一人が船に乗っているのを、対《むか》い岸から官軍の守兵がどんどん鉄砲を放していて、その丸《たま》がおれの頭の上を雨のごとくに過ぎて通って、一つはおれの笠を貫いたけれど幸に怪我《けが》もしなかった。城へ帰ってからさらに人を派出して、先に自殺した三人の姓名を調べさせたけれども、どうも分らなかった。

長州屋敷の焼討を止める

さて、その夜長州の敗兵が五十人ばかり大坂へ遁《に》げてきて、藩の蔵屋敷へ隠れたので、また城内では評議があって、諸藩の武士に命じて焼討にさせるということであったのを、これがために大坂の町が灰になってはならないと思って、おれが確《かた》く反対したので、とうとう屋敷を明け渡さするだけで済んだ。

その時の長州のお留守役は、北条清右衛門といったが、町奉行から呼び出されて、礼服を着て家来一人召し連れて出頭した。その礼儀作法の正しかったには、後でみなみな感心していたよ。

大坂はまあこれで一まず鎮《しず》まったのだが、どうもその頃の物騒な事といったら、ちょっと途中で遇《あ》っても壮士がすぐに剣の柄《つか》に手をかけるという風で、斬りあいなどは、日に幾度となくあった。そのうちには、おれもずいぶん危い目に遭《あ》ったが、とうとう殺されもせずに済んだのだ。

江戸召喚　さて殺されなかったのはよいけれど、その年の十月二十二日になると、情《なさけ》ない事には大坂城代から、御用につき早々江戸へ帰れと命ぜられ、十一月九日になってはとうとう退職を仰せ付けられて家へ閉じ籠《こも》った。

この間には実にこみ入った事情があるのだが、とにかくおれは及ばずながら国家の安危を一身に引き受けて、三年の間、種々《さまざま》の危険を冒して奔走したのに、一朝説は聴かれず謀《はかりごと》は用いられず、この通りに退職を命ぜられるとは、まことに情ない事だが、もうこうなっては仕方がない。悠々自適、身を栄辱の外に置くばかりだ。

しかし、このまま朽ちはてて累世の君恩に報いることもできないだけは、いかにも残念だなどと考えていたところへ、大久保一翁《いちおう》から書面が来て、讒人《ざんにん》がいるために裁判官中で君の評判は至ってわるいから、近日封書のお尋ねが出る筈《はず》だけれど、あまり過激なことは返答せぬがよかろうと、ひそかに注意してくれた。

この封書のお尋ねというのは、当時幕府でもし役人に落度があると認めたら、一番に封書でもってその始末をお尋ねになり、その次に親類同道で評定所に出頭してお尋ねを受け、三番目にまた厳重なお尋ねがあって、その時に切腹とか、終身預けとか、それぞれ罰が定《き》まるのだから、ずいぶん裁判の方では重い事なのだ。それで大久保が親切にこんな事を知らせてくれたから、おれもひそかに喜んで、なにぶんの御沙汰のあるのを待っていた。

しかるに、生憎《あいにく》、いやおれの方からいえば幸に、その頃は長州再征の事もあり、将軍上洛の事もあり、実に国家多難の際であったから、幕府の方でもおれの事などに構っている余裕がないので、つい延引になって、おれへはちっとも御沙汰がなかった。おれ一身のためには、とんだ僥倖《ぎょうこう》とはいいながら、こういう事情からして幕府もとうとう滅びるようになったのは嘆かわしい事だ。

軍艦奉行に任ぜられる

かれこれするうちに慶応二年になって、その年の五月二十七日に突然奉書が来た。何かと思いながら披《ひら》いてみたら、閣老水野和泉守《いずみのかみ》から、明朝礼服で登城せよという達しだ。これは通例退職のものを再び用いる時の式ではなくて、実に破格のことであった。

夜客と話していると、ご老中から御用召《ごようめし》の奉書が来たから、開けてみると、明朝四ツ時登城をしろという文サ。その時分四ツの御用召は吉事だが、肝煎《きもいり》からの沙汰もなし、二、三年も謹慎している身には不思議だカラ、肝煎の妻木のところへ聞きにやるがよかろうと、富田が塾僕をしていたカラ使《つかい》にやると、妻木では用人が吃驚《ビツク》りして、此方《このほう》には沙汰がない、出勤してはならないと返事した。ダガ立派に老中の名があるから、こんどは奉書を持たせてやった。すると妻木ではまた吃驚《ビック》りして、こんどは用人が来て大層謝罪して、馬も家来も貸すから登城してくれろと言うのさ。

それでお達しの通り翌日登城したところが、軍艦奉行に任ぜられてすぐに大坂へ出張を命ぜられた。おれも少し腑に落ちないところがあったから、どんな御用向であるかと老中に問うてみたけれど、この度《たび》の事は将軍から直接のご命令だから、われわれには分らないというから、ともかく両三日経っておれは大坂へ出発した。

出立しろと命ぜられても、金が無いから困ると言うと、なんでも軍艦奉行の月給二年分か幾何《イクラ》かの金を渡すことになり、翌日、三千両ばかり一度にヨコシたよ。生れて初めて一度に三千両取ッたよ。

大坂へ着いて板倉伊賀守《いがのかみ》に会ったところが、伊賀守のいうには、長州再征の事について、薩州から大久保市蔵とか岩下佐次右衛門とか、内田仲之助とかいう連中が来て、ひどく反対するから、お前京都へ行って彼らを説き伏せてこいとの事だ。

そこで、おれはかねての意見を陳《の》べて、長州征伐は決して国家のために利でない、大久保や岩下らのいうところが、かえって道理にかなっているということを、明瞭に弁じた。

ところが会津藩だけは、容易におれの説に従わなかったけれど、いろいろ喩《たと》えなど設けて説明してやったら、後にはとうとうおれの意見が耳にはいった。それで終《つい》に長州とも和睦するようになったのだ。

この後もおれは時勢に応じて、いろいろ建白したけれど、多くは役人の機嫌を損ずるばかりで、讒言《ざんげん》をする奴はいるし、後にも先にも拠《よりどころ》がなくなったから、むしろ辞職しようと思ったけれど、それも許されなかった。この頃は、おれも実に苦心したよ。

長州と談判　おれが長州へ談判に行った時の始末を書いた『奉使始末』というものがあった。しかし今はどこへか紛失してしまって、その時の事もたいていは忘れてしまったが、何でもあの頃はちょうどおれも内外面白くないことばかりで、大坂にいてひそかに決心するところがあった。

すると突然京都から早打ちがやって来て、すぐおれに来いとの事だ。おれも忌々《いまいま》しかったから、病気だといって行くまいと思って、ある老中にも談《はな》したところが、その人は正直な男だから、お前が今日そんな事をいい出しては、国家がどうなるかも知れないなどと心配するので、おれもいやいやながら、その夜すぐに早駕籠《はやかご》でもって京都へ上った。

この頃慶喜《よしのぶ》公は後見職であったから、おれの京都へ着いた時はちょうど参内《さんだい》中で、原市之進が出てきて、やれ実にご苦労だの、今度の御用は我々には何だか知れないが、何でも貴下《あなた》でなくては弁じられないという事で、わざわざお召しになったのだが、なにぶん貴下のためにはご名誉だなどと、平生にも似ない挨拶をするので、おれもそこは人がわるいから、此奴《こやつ》おれに油を掛けやがると思ってよい加減な返答をしているうちに、慶喜公もご帰館になって、御直《ごじき》で長州への使者を仰せ付けられたのだ。それも初めは思う仔細があって、おれも固くご辞退申したが、是非にとの事だから、それではとて断然お受けを致したのだ。

それでかくの次第で長州と談判いたすつもりであるということを、慶喜公へ言上すると、公はなにぶん頼むとの事だから、おれも、宜《よろ》しうございます、一ケ月中には必ず始末をつけて帰ります、もしさもなくば私の首はなくなった事と思召《おぼしめ》されよと申上げて出発した。

おれは少し考えがあって、一人の供をも召連れず、小倉袴に木綿羽織で単身芸州まで行った。ここには辻《つじ》将曹がおって万事親切に世話をしてくれ、長州との往復もいろいろ周旋してくれて、とうとう宮島において双方会談することになった。それでおれは例の通りひとりで宮島へ行こうとすると、辻は、いかになんでも一人ではあまりだといって、わざわざ二人の役人を付けてくれ、また舟まで周旋して向うへ渡してくれた。

宮島へ渡ってみると、長州の兵隊がここそこに出没して殺気が充ちていたが、もとよりこんな事だろうと覚悟していたから、平気で旅館に宿《とま》り込んで、長州の使者の来るのを待っていた。彼らも国論を纏《まと》めた上で船に乗って来るというのだから、ずいぶん手間がいったが、その間今の長州の兵隊や探偵は、始終おれの旅館の周囲を徘徊して、たまには遠方から旅館へ向けて発砲するものなどもあった。

しかしおれはちっともこんな事に頓着しないで、旅館の広間に平然と座り込んで、日夜使者の来るのを待っておったが、この頃このあたりの婦人などはみなどこへか逃げて行ってしまって、おれの旅館にも老婆がただ一人残っておったばかりなので、これに頼んで襦袢《じゅばん》をたくさん拵《こさ》えさせて代る代る着替え、また毎日髪を結いなおさせた。すると婆さんがそのわけを尋ねるから、おれの首はいつ斬られるかも知れないによって死恥をかかないためにこうするのだといったら、婆さんはわけを知らないものだからただ怖がってばかりいた。

かれこれするうちに長州から広沢兵助《ひょうすけ》ら八人のものが使者としてやって来た。井上聞多《もんた》、その頃は春木強太郎といっていたが、それから長松幹《みき》などもこの中に加わっていた。長州の方からはこの通り大勢で堂々とやって来たのに、こちらでは木綿羽織に小倉袴の小男の軍艦奉行が、たった一人控えているばかりだ。

いよいよ今日会合という日になると、おれはまず大慈院、これが会合の場所だが、この寺の大広間に端坐していると、後から広沢などがやって来た。しかしさすがは広沢だけあって、少しも傲慢の風がなく、一同縁側に坐って恭《うやうや》しく一礼した。

そこでおれは、いやそこではお談《はなし》ができませんから何卒《なにとぞ》こちらへお通りなさいと挨拶すると、広沢は頭を擡《もた》げて、ご同席はいかにも恐れ入ると辞退するので、おれは全体剽軽者だから、かように隔っていてはお談ができぬ、貴下《あなた》がお否《いや》とあれば拙者がそこに参りましょうと言って、いきなり向うが座っている間へ割り込んで行ったところが、一同大笑いとなって、それでは御免を蒙《こうむ》りますということで、一同広間にはいっていよいよ談判を始めることになった。

談判といっても、わけもなく咄嗟《とっさ》の間に済んだのだ。まずおれはよくこちらの赤心を披《ひら》いて、自分の初めからの意見はかくかくであった。貴藩においても、今日の場合、兄弟喧嘩をしているべきでないということはご承知であろうという旨趣《ししゅ》を述べた。すると、広沢もよく合点して、尊慮のあるところはかねてより承知していましたなどいった。

そこでおれは断然、私が帰京したら直ちに貴藩の国境にある幕兵は一人も残らず引上げるようにするから、貴藩においても、その機に乗じて、請願などと称《とな》えて大勢で押し上ることなどは決してないようにせられよと言い放ったら、広沢も承諾の旨を答えて、談判もこれで決着した。

談判が済んで別れる時に、春木すなわち井上が、後刻ご旅館に罷出《まかりい》でてもお差支えはないかというから、ちっとも差支えはござらぬから、どうぞお出下《いで》されといっておいて旅館へ帰ったら、すぐに春木はやって来て、いろいろな話をした。その頃春木は帰朝早々暗殺に遭《あ》いかかって間もないので顔にはまだ創膏薬《きずこうやく》を貼っていた。

厳島神社に剣を奉納　おれは広沢が帰国するのを見届けて、すぐに帰京の途に上る用意をしたが、この度の使命もまずまず首尾よく果して一安心したから、記念のためにもと、差しておった短刀を厳島《いつくしま》神社へ奉納した。これは護良《もりよし》親王の御品であったといい伝えるのだが、おれの体も今後どうなるか分らないから、かたがた宝物を安全に保存する策だと思って奉納したのだ。

しかしこの時は神官もおれをどこの馬の骨だかと思ったと見えて、容易には納めてくれなかったが、十両の金子《きんす》を添えてようやく納めてもらった。ところが今日ではなかなか大切にしているとかいう事だ。

さて帰りにはまた辻の周旋で、選り抜きの船頭を傭って出帆したが、高砂《たかさご》の沖で向うから来る船と衝突してほとんど沈没しようとしたのを、やっとの事で明石《あかし》の浜辺へ乗り上げて、そこから陸を通って京都へ帰ったが、出発した日からちょうど二十八日か九日目であった。

幕府の命脈　帰ってみると、留守のうちに一体の様子はがらりと一変しておって、わざわざ宮島まで談判に行ったおれの苦心も、何の役にも立たなかった。しかしもしこの時の始末がおれの口から世間へ漏れようものなら、それこそ幕府の威信は全くなってしまうと思って、おれは謹《つつし》んで秘密を守って辞職を願い出た。するとある老中が中へはいって周旋してくれたために、軍航操練専務の役でもって、とうとう江戸へ帰ることになった。しかしこれがために幕府の命脈もちょうど一年延びた勘定だ。

こんな風で、表面は長州の人を売った姿になったのだけれど、いくら怨《うら》まれても仕方がない。後からかれこれ言いわけなどをするのはおれの流儀でないからサ。

閉門十日　なに、善後策はどうするつもりであったかと。それはわけもない事だ。おれが京都へ帰るとすぐに、長州へ向けて、その藩こと今般朝廷に向《むかい》て不穏の挙動甚《はなはだ》不届につき閉門十日申付ける、この一通の書付けで事は足るのサ。おれの流儀はいつもこんな手軽なものだ。

それから双方覚書でも取り交したかと。なに、そんなものはありはしない。しかしこれはおれが一生の失策で、これがためにおれは幕府から嫌疑を受けたのだ。

けれども西郷と品川で談判した時にはおれの流儀はうまく成功したよ。その始末は追《おい》々《おい》順を立てて話すこととしよう。

幕兵の脱走　慶応二年といえばずいぶん物騒の年だが、この時、幕府の兵隊は、およそ八千人もあって、それが機会さえあれば、どこへか脱走して事を挙げようとするので、おれもその説諭にはなかなか骨が折れたよ。

何でも二月であったが、三番町に兵隊が二大隊、およそ千人ばかりあるのを、一大隊はどうかこうか説諭して鎮《しず》まらせたけれど、今一大隊の方は、まだその暇がないうちに、二百人ばかりは、五日に脱走するし、残り三百人ばかりは、七日の夜忽《たちま》ち塀を越して大路へ出て、無暗《むやみ》に鉄砲を放って乱暴をするので、士官も手のつけようがないのに困っていた。

そこで、おれは先に説諭した一大隊をも土手際へ整列させて、もうこうなっては致し方がないから、貴様たちの中にもおれの説諭が分らないものがあるなら、この際勝手に逃げろと命令した。

その間に彼《か》の塀を越えた三百人はどんどん九段《くだん》坂を下りて逃げるものだから、こちらの奴もじっとしていられないと見えて、五十人ばかり暗《やみ》に乗じて後ろの方からおれに向って発砲した。すると、かの脱走兵の中にも踏み止《とどま》って、おれの提燈《ちょうちん》を目がけて一緒に射撃するので、おれの前に立っていた従卒二人は、たちまち胸を貫かれて仆《たお》れた。

この二人は、いずれも勇気のある男だから、始終おれの側に置いたものだ。それで従卒は倒れる、提燈は消える、四辺《あたり》は真暗になったものだから、おれは幸にちっとも怪我《けが》はしなかったが、兵隊は悉《ことごと》く遁《に》げてしまった。今の土手際へ整列していた一千人も勢い止まるわけにいかないから、これも千住《せんじゅ》の方へ遁げてしまった。

この時の騒ぎに死んだものは兵卒がわずかに四人で、手を負ったものは六、七人に過ぎなかった。

その二日前の夜には、小川町伝習隊の兵卒が二大隊、これも乱暴をしながら逃げたのだが、逃げ路の高田馬場へ整列していると聞いたものだから、おれはすぐに一人で馬に騎《の》って追っかけて行った。ところが大勢の者は、すでにどこへか行ってしまって、暗闇の中へ七、八人止《とど》まって追手をでも防ぐ用意をしているらしい。

おれが近づくと、いきなり提燈を目がけて発砲しかけたけれど、この時、雨は降り出すし、またおれの方がわずか一人だから、追手のものではあるまいと思ったと見えて、この連中も板橋の方へ走って行った。

おれは後からそれを追うて行って、板橋へ着いた時にはすでに夜も明けた。ここにはまだずいぶん兵卒が留まっていたから、おれはいろいろに説諭して、ようやく三十六人だけ連れて帰った。

また、この月の十五日には、赤坂屯所《とんしよ》の兵隊が甲州へ逃げかけたのを、八王子で追《お》っつけて、新宿の宿屋まで率いて帰って、そこで説諭を加えている間に、脱走の張本たる伍長の某は、とても志を達せられぬと覚悟をしたと見えて、突然反対派の伍長某を刺して、すぐその場で自殺してしまった。これがためにおれは殺されもしないで済んだのだ。

全体この頃の人気《じんき》は、老人でも子供でも、ただ戦争とか、自殺とかいうことを、無暗《むやみ》によい事に思って、壮士に酒を飲ませたり、飯を食わせたりなどして励ますものだから、脱走などいうこともいわゆる騎虎の勢いで、容易に止めることはできなかったのだ。西南戦争だってこれと同じ理窟《りくつ》であるから、おれは西郷の意衷《いちゆう》はよく察しているよ。

戊辰の変　戊辰《ぼしん》の変は、おれは町飛脚の知らせによって、幕閣よりも一日早く承知したけれど、おれは当時閑居の身だったから、意見を進める機会を得なかった。

翌日になって、いよいよ幕閣に知れ渡ると城中は鼎《かなえ》を沸《わか》すようだッた。それは祭りにさえ騒ぐ江戸ッ児《こ》の事だから、江戸の騒ぎもたいてい察せらるるだろう。

この時幕議では、事の起りが少々の行違いだから、たいした事にもなるまいとの説だったけれども、おれは独《ひと》りで、西郷めがこの機に乗じて、天兵を差し向けはしないかと心配していたところが、果してやって来たワイ。西郷は実にえらい奴だ。

死生一髪の際　当時人心恟々《きょうきょう》として、おれは常に一身を死生一髪という際《きわ》に置いていた。おれの真意が官軍にわからなくって、官兵がおれの家を取り囲んだこともあった。また、幕臣中でも剽悍なものは、ややもすると、おれを徳川氏を売るものと見做《みな》して、おれを殺そうとしたものも一人や二人ではなかった。

おれが品川の先鋒総督府と談判して帰りがけにも、薄暮《ゆうぐれ》、赤羽橋を通っていたら、鉄砲丸《だま》がおれの鬢《びん》を掠《かす》めていったから、おれは馬を下り、轡《くつわ》をとりて、徐《しず》かにそこを過ぎ、四辻から再び馬に乗って帰ったッケ。

壮士より女中　おれの家には、護衛も壮士もいなかった。護衛や壮士は、実に恃《たの》むに足らず、また恃むべきものではないヨ。壮士の代りに二、三人の女中を置いて、来客の応接、その他の用を弁じていたが、これは、どんな乱暴者でも、婦人には手を出すまいと思ったからサ。今もその例によって、おれの家にてはこの通り（傍《かたわら》に侍する婢《はしため》を顧み）女ばかりを使っているヨ。アハハハハ。

この時分は、やかましやがずいぶん諸国からやって来たヨ。しかし勝に行っても駄目だとおもったか知らぬがおれのところへは誰も来ずに、大久保一翁《いちおう》や、山岡鉄舟のところへみな押しかけて行って、幕府の意気地がないことを劇《はげ》しく論じた様子サ。大久保も山岡もすこぶる閉口したようだったから、そんな奴に取り合うな、打ちやっておけ、といってやったら、後で何だかぶつぶついったそうだ。

落馬して気絶　慶応四年四月の末に、もはや日の暮ではあるし、官軍はこの時すでに江戸城へはいっておった頃だから、人通りもあまりない時に、おれが半蔵門外を馬に乗って静かに行き過ぎておったところが、たちまち後ろから官兵三、四人が小銃をもっておれを狙撃した。しかし、幸に体には中《あた》らないで、頭の上を通り過ぎたけれど、その響きに馬が驚いて、後足で立ち上ったものだから、おれはたまらず、仰向様《あおむけざま》に落馬して、路上の石に後脳を強く打たれたので、一時気絶した。

けれどもしばらくすると、自然に生き返って、あたりを見廻したら、誰も人はおらず、馬は平気で路ばたの草を食っていた。

官兵はおれが落馬してそれなり気絶したのを見て、銃丸《たま》が中《あた》ったものと心得て立ち去ったのであろう。いや、あの時は実に危いことであったよ。

九死に一生　その五月には、ちょうど彰義隊の戦争の日だったが、官軍二百人ばかりで、おれの家を取り囲んで、武器などはいっさい奪い去ってしまった。しかし、この時、おれが幸に他行《たぎょう》していたために、殺されることだけはまず免れた。こんな風に九死の中から一生を得た事は、これまでずいぶんたびたびあったよ。思えばおれも僥倖《しあわせ》者さ。

いわゆる国家主義　自分の手柄を陳《の》べるようでおかしいが、おれが政権を奉還して、江戸城を引払うように主張したのは、いわゆる国家主義から割り出したものサ。三百年来の根柢があるからといったところが、時勢が許さなかったらどうなるものか。かつまた都府というものは、天下の共有物であって、決して一個人の私有物ではない。江戸城引払いの事については、おれにこの論拠があるものだから、誰が何と言ったって少しも構わなかったのサ。

各藩の佐幕論者も、初めは一向時勢も何も考えずに、無暗《むやみ》に騒ぎまわったが、後には追々おれの精神を呑み込んで、おれに同意を表するものも出来、また江戸城引渡しに骨を折るものも現れてきたヨ。

しかしこの佐幕論者とても、その精神は実に犯すべからざる武士道から出たのであるから、申し分もない立派のものサ。何でも時勢を洞察して、機先を制することも必要だが、それよりも、人は精神が第一だヨ。

対手の人物を見る　江戸城受渡しの時、官軍の方からは、予想通り西郷が来るというものだから、おれは安心して寝ていたよ。そうするとみなの者は、この国事多難の際に、勝の気楽には困るといって、呟《つぶや》いていた様子だったが、なに対手《あいて》が西郷だから、無茶な事をする気遣いはないと思って、談判の時にも、おれは慾は言わなかった。ただ幕臣が餓《う》えるのも気の毒だから、それだけは、頼むぜといったばかりだった。それに西郷は、七十万石くれると向うから言ったよ。

先達《せんだつ》ても李鴻章《りこうしよう》が来る時にも、おれは前からいったヨ。あれなら、談《はなし》はどうにもできる人物だから、こちらからは、あまり進んで慾をいわないがよい。出す時には、見切がはやく付く男だから、そのつもりで談判しろと政府の人にも忠告しておいたヨ。

それを、なに老爺《じい》がまた古風な考えを持ち出す。外交の掛引は、そんな人好《ひとよし》沙汰では行けないといわぬばかりで聞いていたが、果して李に一層上をこされたッケ。いくら支那人との談判だからといったって、対手《あいて》の人物を見てやらないと、すべてこの通りさ。

寝ころんで待つが第一

維新の頃には、妻子までもおれには不平だったヨ。広い天下におれに賛成するものは一人もなかったけれども——山岡や一翁《いちおう》には、後から少し分ったようであったが——おれは常に世の中には道というものがあると思って、楽しんでいた。

また一事を断行している中途で、おれが死んだら、たれかおれに代るものがあるかということも、ずいぶん心配ではあったけれど、そんな事はいっさい構わず、おれはただ行うべきことを行おうと大決心をして、自分で自分を殺すような事さえなければ、それでよいと確信していたのサ。

おれなどは、生来人《せいらい》がわるいから、ちゃんと世間の相場を踏んでいるヨ。上った相場も、いつか下る時があるし、下った相場も、いつかは上る時があるものサ。

その上り下りの時間も、長くて十年はかからないヨ。それだから、自分の相場が下落したと見たら、じっと屈《かが》んでいれば、しばらくすると、また上ってくるものだ。大奸物大逆人の勝麟太郎も、今では伯爵勝安芳《やすよし》様だからノー。

しかし、今はこの通り威張っていても、また、しばらくすると耄碌《もうろく》してしまって、唾《つば》の一つもはきかけてくれる人もないようになるだろうヨ。世間の相場は、まあこんなものサ。その上り下り十年間の辛抱ができる人は、すなわち大豪傑だ。おれなども現にその一人だヨ。

おれはずるい奴だろう。横着だろう。しかしそう急いでも仕方がないから、寝ころんで待つが第一サ。西洋人などの辛抱強くて気長いには感心するヨ。

今の世に西郷南洲が生きていたら、談《はな》し相手もあるに、

南洲の後家と話すや夢のあと

今の人は、この句の意を知るまいヨ。

二、古今人物談

大きな人物　全体大きな人物というものは、そんなに早く顕《あらわ》れるものではないヨ。通例は百年の後だ。今一層大きい人物になると、二百年か三百年の後だ。

それも顕れるといったところで、今のように自叙伝の力や、何かによって顕れるのではない。二、三百年も経つと、ちょうどそのくらい大きい人物が、再び出るじゃ。其奴《そやつ》が後先の事を考えてみているうちに、二、三百年も前に、ちょうど自分の意見と同じ意見を持っていた人を見出すじゃ。そこで其奴が驚いて、なるほどえらい人間がいたな、二、三百年も前に、今、自分が抱いている意見と、同じ意見を抱いていたな、これは感心な人物だと、騒ぎ出すようになって、それで世に知れてくるのだヨ。知己を千載《せんざい》の下《もと》に待つというのは、この事サ。

今の人間はどうだ、そんな奴は、一人もいるまいがノ。今の事は今知れて、今の人に賞められなくては、承知しないという尻《ケツ》の孔《アナ》の小さい奴ばかりだろう。大勲位とか、何爵とかいう一肩書を貰《もら》って、俗物からわいわい騒ぎ立てられるのをもって、自分には日本一の英雄豪傑だと思っているではないか。

君らはマアよく考えてみたまえ。維新以後、まだ三十年を経たばかりではないか。わずか三十年の間に、人物が現れようといっても、現れようがないサ。今日自分から騒ぎ出して、それがため、いくぶんか俗物どもに知られている奴らは、そうサ、今から三十年も経たないうちに、すぐ忘られてしまうだろうヨ。

おれはちかいうちに死ぬるけれども、君らはまだ若いから、三十年や五十年は、生きているだろうが、おれのいった事が、嘘になるか、真《まこと》になるか、試してみるとよい。

水戸斉昭　維新の時でもそうだッたヨ。水戸の烈公は、えらいというので、非常の評判だったヨ。実にその頃は、公の片言隻語も、取って以て則《のり》とするくらいの勢いサ。しかるに、今はどうだ。日本国中で、烈公を知っているものが、何人あるか。なるほど、水戸の近辺へ行ったら、匹夫匹婦もみなその名を記憶しているだろうが、そのほかの土地では、誰も知らないヨ。

その通りだ。天下の安危に関する仕事をやった人でなくては、そんなに後世に知らるるものではない。ちょっと芝居をやったくらいでは、天下に名は挙《あが》らないサ。

恐ろしいもの二人　おれは、今までに天下で恐ろしいものを二人見た。それは、横井小楠と西郷南洲とだ。

横井は、西洋の事も別に沢山は知らず、おれが教えてやったくらいだが、その思想の高調子な事は、おれなどは、とても梯子《はしご》を掛けても、及ばぬと思った事がしばしばあったヨ。

おれはひそかに思ったのサ。横井は、自分に仕事をする人ではないけれど、もし横井の言を用いる人が世の中にあったら、それこそ由々しき大事だと思ったのサ。

その後、西郷と面会したら、その意見や議論は、むしろおれの方が優《まさ》るほどだッたけれども、いわゆる天下の大事を負担するものは、果して西郷ではあるまいかと、またひそかに恐れたよ。

そこで、おれは幕府の閣老に向って、天下にこの二人があるから、その行末に注意なされと進言しておいたところが、その後、閣老はおれに、その方の眼鏡《めがね》も大分間違った。横井は何かの申分で蟄居を申付けられ、また西郷は、ようやく御用人の職であって、家老などという重き身分でないから、とても何事もできまいといった。

けれどもおれはなお、横井の思想を、西郷の手で行われたら、もはやそれまでだと心配していたに、果して西郷は出てきたワイ。

西郷隆盛　おれが初めて西郷に会ったのは、兵庫開港延期の談判委員を仰せ付けられるために、おれが召されて京都に入る途中に、大坂の旅館であった。その時、西郷は御留守居格だったが、轡《くつわ》の紋の付いた黒縮緬《ちりめん》の羽織を着て、なかなか立派な風采だったヨ。

西郷は、兵庫開港延期のことを、よほど重大の問題だと思って、ずいぶん心配していたようだったが、しきりにおれにその処置法を聞かせよというワイ。そこで、おれがいうには、まだ確《たしか》には知れぬが、この度の御召しは、多分談判委員を仰せ付けられるためだろう。しかし小生は、別段この談判を難件とは思わない。小生がもし談判委員となったら、まず外国の全権に、君らは、山城《やましろ》なる天皇を知っているかと尋ねる。すると彼らは、必ず知っていると答えるだろう。そこで、しからば、その天皇の叡慮を安んじ奉るために、しばらく延期してくれと頼むサ。そして一方においては、加州、備州、薩摩、肥後その他の大名を集め、その意見を採って陛下に奏聞《そうもん》し、さらに国論を決するばかりサと、こういった。

それから彼の問うに任せて、おれは幕府今日《こんにち》の事情をいっさい談じて聞かせた。彼がいうには、とかく幕府は薩摩を悪《にく》んで、みだりに猜疑の眼をもって、禍心を包蔵するように思うには困るというから、おれは、それは幕府のつまらない小役人どもの事だ。幕府にも人物があろうから、そんな事件は打ちやッておきたまえ。かようの事に懸念したり、憤激したりするのは、貴藩のために決してよくないといッたら、彼も承知したといッたッケ。

坂本龍馬の鑑識　坂本龍馬が、かつておれに、先生しばしば西郷の人物を賞せられるから、拙者も行って会ッてくるにより添書をくれといッたから、早速書いてやったが、その後、坂本が薩摩からかえって来て言うには、なるほど西郷という奴は、わからぬ奴だ。

少しく叩けば少しく響き、大きく叩けば大きく響く。もし馬鹿なら大きな馬鹿で、利口《りこう》なら大きな利口だろうといったが、坂本もなかなか鑑識のある奴だヨ。

西郷に及ぶことのできないのは、その大胆識と大誠意とにあるのだ。おれの一言を信じて、たった一人で、江戸城に乗込む。おれだって事に処して、多少の権謀を用いないこともないが、ただこの西郷の至誠は、おれをして相欺くに忍びざらしめた。この時に際して、小籌浅略《しょうちゅうせんりゃく》を事とするのはかえってこの人のために、腹を見すかされるばかりだと思って、おれも至誠をもってこれに応じたから、江戸城受渡しも、あの通り立談の間に済んだのサ。

西郷と大久保の優劣　西郷は、今言う通り実に漠然たる男だったが、大久保は、これに反して実に截然《せつぜん》としていたヨ。

官軍が江戸城にはいってから、市中の取締りが甚だ面倒になってきた。これは幕府は倒れたが、新政が未《いま》だ布かれないから、ちょうど無政府の姿になったのサ。

しかるに大量なる西郷は、意外にも、実に意外にも、この難局をおれの肩に投げ掛けておいて、行ってしまった。どうか、宜《よろ》しくお頼み申します、後の処置は、勝さんが何とかなさるだろうといって、江戸を去ってしまった。

この漠然たる「だろう」にはおれも閉口した。実に閉口したヨ。これがもし大久保なら、これはかく、あれはかく、とそれぞれ談判しておくだろうに、さりとはあまり漠然ではないか。

しかし考えてみると、西郷と大久保との優劣は、ここにあるのだヨ。西郷の天分が極めて高い所以《ゆえん》は、実にここにあるのだヨ。

西郷と豚姫　西郷は、どうも人にわからないところがあったヨ。大きな人間ほどそんなもので……小さい奴なら、どんなにしたってすぐ腹の底まで見えてしまうが、大きい奴になるとそうでないノー。

例の豚姫の話があるだろう。豚姫というのは京都の祇園《ぎおん》で名高い……もっとも初めから名高かったではない、西郷と関係ができてから名高くなったのだが……豚のごとく肥えていたから、豚姫と称せられた茶屋の仲居だ。この仲居が、酷《ひど》く西郷にほれて、西郷もまたこの仲居を愛していたのヨ。

しかし今の奴らが、茶屋女とくっ付くのとはわけが違っているヨ。どうもいうにいわれぬよい所があったのだ。これはもとより一の私事に過ぎないけれど、大体がまずこんな風に常人と違って、よほど大きく出来ていたのサ。

江戸開城談判　西郷なんぞは、どの位ふとっ腹の人だったかわからないよ。手紙一本で、芝、田町の薩摩屋敷まで、のそのそ談判にやってくるとは、なかなか今の人ではできない事だ。

あの時の談判は、実に骨だったヨ。官軍に西郷がいなければ、談《はなし》はとても纏《まと》まらなかっただろうヨ。

その時分の形勢といえば、品川からは西郷などが来る、板橋からは伊地知《いじち》などが来る。また江戸の市中では、今にも官軍が乗込むといって大騒ぎサ。しかし、おれはほかの官軍には頓着せず、ただ西郷一人を眼においた。

そこで、今談《はな》した通り、ごく短い手紙を一通やって、双方何処《いずこ》にか出会いたる上、談判いたしたいとの旨を申送り、また、その場所は、すなわち田町の薩摩の別邸がよかろうと、此方《このほう》から選定してやった。すると官軍からも早速承知したと返事をよこして、いよいよ何日の何時に薩摩屋敷で談判を開くことになった。

当日おれは、羽織袴で馬に騎《の》って、従者を一人つれたばかりで、薩摩屋敷へ出かけた。まず一室へ案内せられて、しばらく待っていると、西郷は庭の方から、古洋服に薩摩風の引っ切り下駄をはいて、例の熊次郎という忠僕を従え、平気な顔で出てきて、これは実に遅刻しまして失礼、と挨拶しながら座敷に通った。その様子は、少しも一大事を前に控えたものとは思われなかった。

さて、いよいよ談判になると、西郷は、おれのいう事を一々信用してくれ、その間一点の疑念も挟まなかった。

いろいろむつかしい議論もありましょうが、私が一身にかけてお引受けします。西郷のこの一言で、江戸百万の生霊も、その生命と財産とを保つことができ、また徳川氏もその滅亡を免れたのだ。もしこれが他人であったら、いや貴様のいう事は、自家撞着だとか、言行不一致だとか、沢山の兇徒があの通り処々に屯集しているのに、恭順の実《じつ》はどこにあるかとか、いろいろ喧《やかま》しく責め立てるに違いない。万一そうなると、談判は忽《たちま》ち破裂だ。しかし西郷はそんな野暮はいわない。その大局を達観して、しかも果断に富んでいたには、おれも感心した。

この時の談判がまだ始まらない前から、桐野《きりの》などいう豪傑連中が、大勢で次の間へ来て、ひそかに様子を覗《うかが》っている。薩摩屋敷の近傍へは、官軍の兵隊がひしひしと詰めかけている。その有様は実に殺気陰々として、物凄いほどだった。しかるに西郷は泰然として、あたりの光景も眼に入らないもののように、談判を仕終えてから、おれを門の外まで見送った。

おれが門を出ると近傍の街々に屯集していた兵隊は、どっと一時に押し寄せてきたが、おれが西郷に送られて立っているのを見て、一同恭《うやうや》しく捧銃《ささげつつ》の敬礼を行った。おれは自分の胸を指して兵隊に向い、いずれ今明日中には何とか決着いたすべし。決定次第にて、あるいは足下らの銃先《つつさき》にかかって死ぬこともあろうから、よくよくこの胸を見覚えておかれよ、と言い捨てて、西郷に暇乞《いとまご》いをして帰った。

この時、おれがことに感心したのは、西郷がおれに対して、幕府の重臣たるだけの敬礼を失わず、談判の時にも、始終座を正して手を膝の上に載せ、少しも戦勝の威光でもって、敗軍の将を軽蔑するというような風が見えなかった事だ。

気胆の大きいこと絶倫

西郷はちっとも見識ぶらない男だったよ。あの人見寧《やすし》という男が若い時分に、おれのところへやって来て、西郷に会いたいから紹介状を書いてくれといったことがあった。ところが段々様子を聞いてみると、どうも西郷を刺しに行くらしい。そこでおれは、人見の望み通り紹介状を書いてやったが、中には、この男は足下を刺す筈《はず》だが、ともかくも会ってやってくれと認《したた》めておいた。

それから人見は、じきに薩州へ下って、まず桐野へ面会した。桐野もさすがに眼がある。人見を見ると、その挙動がいかにも尋常でないから、ひそかに彼《か》の西郷への紹介状を開封してみたら果して今の始末だ。さすがに不敵の桐野も、これには少しく驚いて、すぐさま委細を西郷へ通知してやった。ところが西郷は一向平気なもので、勝からの紹介なら会ってみようということだ。

そこで人見は、翌日西郷の屋敷を尋ねて行って、人見寧がお談《はなし》を承りにまいりましたというと、西郷はちょうど玄関へ横臥していたが、その声を聞くと悠々と起き直って、私が吉之助だが、私は天下の大勢《たいせい》なんどいうようなむつかしいことは知らない。まあお聞きなさい。先日私は大隅《おおすみ》の方へ旅行したその途中で、腹がへってたまらぬから十六文《もん》で芋を買って喰ったが、多寡が十六文で腹を養うような吉之助に、天下の形勢などいうものが、分る筈《はず》がないではないかといって大口を開けて笑った。ところが血気の人見も、この出し抜けの談に気を呑まれて、殺すどころの段ではなく、挨拶もろくろく得せずに帰ってきて、西郷さんは、実に豪傑だと感服して話したことがあった。

知識の点においては、外国の事情などは、かえっておれが話して聞かせたくらいだが、その気胆《きも》の大きいことは、この通りに実に絶倫で、議論も何もあったものではなかったよ。

横井小楠　おれが初めて横井の名を聞いたのは、長崎にいた時分で、越前の村田が諸国を巡って長崎にやって来たから、ドーダ誰か大きな人物に出遇ったかと聞いたら、いや格別の人物にも出遇わなかったが、肥後の横井平四郎という人は当今の天下第一流であろうと、痛く感心して話をした。これが横井の名を聞いた始めだ。

これより村田の紹介で横井と近くなった。初めはただ横井より手紙で外国の事情など尋ねてよこすくらいで、まのあたりに話した事はなかった。

初めて面会したのは、ずっと後のことで、横井が越前との関係ができた後で、たしか越前の屋敷で遇ったようだ。その後二、三回も尋ねてきたが、面談をしたのは、ほんのわずかであった。

横井の識見　おれが深く横井の識見に服したのは、おれが長州の談判を仰せ付かった時、横井に相談した時である。おれが長州に行くにつき、かれの見込みを手紙で聞いたが、かれは、ひと通り自己の見込みを申し送り、なお、これは今日の事で、明日の事は余の知るところにあらずという断言を添えた。

おれは、この手紙を見て、初めは、横井とも言わるる人が今少し精細の意見もがなと思ったが、つらつら考えて、大いに横井の見識の人に高きものあることを悟った。世の中の事は時々刻々転変窮《きわ》まりなきもので、機来《きた》り機去り、その間、実に髪《はつ》を容《い》れずだ。この活動世界に応ずるに死んだ理窟《りくつ》をもってしては、とても追い付くわけでない。横井は確かにこの活理を認めていた。当時この辺の活理を看取する眼識を有したるは、ただ横井小楠あるのみで、この活理を決行するの胆識を有したるは、ただ西郷南洲あるのみで、おれがこの両人に推服して措《お》かざりしは、これがためである。

臨機応変の余裕　たいていの人は小楠をとりとめのない事を言う人だと思ったヨ。維新の初めに、大久保すら、小楠を招いたけれど思いのほかだ、といっていた。しかし小楠はとても尋常の物尺《ものさし》では分らない人物だ。しかし実際、物のよく分って、途方もない聡明な人だったよ。

小楠という男は、元来《がんらい》物に凝滞せぬ人であった。それゆえに一個の定見というものはなかったけれど、機に臨《のぞ》み変に応じて物事を処置するだけの余裕があった。からして何にでも失敗した者が来て、善後策を尋ねると、その失敗を利用して、これを都合のよい方に遷《かえ》らせるのが常であった。

おれが米国から帰った時に、彼が米国の事情を聞くから、いろいろ教えてやったら、一を聞いて十を知るという風で、たちまち彼《か》の国の事情に精通してしまったヨ。

小楠は能弁で南洲は訥弁《とつべん》だった。

小楠が春嶽《しゅんがく》公に用いられた時、もちっと手腕を振うことはできなかったかと言う人もあるが、あの時は、実際できなかったのだヨ。また、維新の時に、西郷は、なぜ小楠に説き勧めなかったかという人もあるが、これは必要がなかったからサ。

小楠は、毎日芸者や幇間《たいこもち》を相手に遊興して、人に面会するのも、一日に一人二人会うと、もはや疲労したと言って断るなど、平生我儘《わがまま》一辺に暮していた。だから春嶽公に用いられても、また内閣へ出ても、一々政治を議するなどは、うるさかっただろうヨ。

こういう風だから、小楠のよい弟子といったら、安場保和《やすばやすかず》一人くらいのものだろう。

つまり小楠は、覚られ難い人物サ。

佐久間象山　佐久間象山《しょうざん》は、物識《ものし》りだったヨ。学問も博《ひろ》し、見識も多少持っていたよ。しかし、どうも法螺《ほら》吹きで困るよ。あんな男を実際の局に当らしたらどうだろうか……。何とも保証はできないノー。

あれは、あれだけの男で、ずいぶん軽はずみの、ちょこちょこした男だった。が、時勢に駆られたからでもあろう。

横井と佐久間との人物はどうだと言うのかね……。どうのこうのといったところが、それは大変な違いさ。全体横井という男は、ちょっと見たところでは、何の変った節もなく、その服装《みなり》なども、黒縮緬《ちりめん》の袷《あわせ》羽織に、平袴をはいて、まず大名のお留守居役とでもいうような風で、人柄も至極《しごく》老成円熟していて、人と議論などするような野暮は決してやらなかったが、佐久間の方はまるで反対で、顔付きからしてすでに一種奇妙なのに、平生緞子《どんす》の羽織に、古代袴のようなものをはいて、いかにもおれは天下の師だというように、厳然と構えこんで、元来《がんらい》覇気の強い男だから、漢学者が来ると洋学をもって威《おど》しつけ、洋学者が来ると漢学をもって威しつけ、ちょっと書生が尋ねて来ても、じきに叱り飛ばすという風で、どうも始末にいけなかったよ。

藤田東湖　藤田東湖は、多少学問もあり、剣術も達者で、一廉《ひとかど》役に立ちそうな男だったヨ。しかし、どうも軽率で困るよ。非常に騒ぎ出すでノー。

西郷は東湖を悪く言うていたよ。おれも大嫌いだよ。なかなか学問もあって、議論も強かったが、本当に国を思うという赤心がない。もしも東湖に赤心があったら、あの頃水戸は、天下の御三家だ、直接に幕府へ意見を申出《もうしい》ずればよい筈《はず》でないか。それに何ぞや、彼《か》れ東湖は、書生を大勢集めて騒ぎまわるとは、実に怪《け》しからぬ男だ。おれはあんな流儀は大嫌いだ。

おれなぞは、一つの方法でいけないと思ったら、さらに他の方法を求めるという風に、議論よりはとにかく実行でもって国家に尽すのだ。毎度いう事だが、かの大政奉還の計を立てたのも、つまりこの精神からだ。

しかしながら実際おれの精神を了解して、この間の消息に通じているのは、西郷一人だったよ。榎本でも大鳥《おおとり》でも、昔はおれを殺そうとした連中だが、今になってはかえって、頭を下げておれのところへ来るのがおかしい。しかしおれも、みなさんえらくなったと言っておくのさ。この間は二十年ぶりで慶喜殿に面会したが、善い事はみな自分でしたように、悪い事はおれは知らない、みな勝がしたと、人に言うておけと、おれは言うた。

木戸孝允　木戸松菊《しょうぎく》は、西郷などに比べると、非常に小さい。しかし綿密な男サ。使い所によりては、ずいぶん使える奴だった。あまり用心しすぎるので、とても大きな事には向かないがノー。

かつて京都で会った時、彼が直接におれに話して聞かせたことがある。元治《げんじ》元年の七月に、蛤御門の変があった後で、あの男は会津藩の邏卒《らそつ》に捕えられて、大勢の兵卒に護衛せられながら、寺町通りまで来た時に、大便を催したから廁《かわや》へ行かせてくれといった。するとほかの事とは違うから、衛士も許さぬというわけにも行かず、やむなく二、三人の兵卒を随えて廁へ行かせた。ところが松菊は廁の前まで来ると、地べたへ踞蹲《ツクバ》って袴を脱ぐような風をしていたが、いきなり脱兎の勢でその場を逐電した。あまり意外な事だから、衛卒もしばらく茫然としていた間に、松菊は早くも対州の藩邸へ逃げ込んで、一日その踪跡《そうせき》をくらまし、しばらくしてまたある他の屋敷へ潜伏して、とうとう逃げおおせたということだ。あの男が事に臨《のぞ》んで敏活であったことは、まあこういう風だったよ。

それからあの男が下関で兵士を鎮撫していた時分に、ある人へ送った清元《きよもと》がある。

〽きのふ二上り、けふ三下り、調子そろはぬ糸筋の、細い世渡り日渡りも、そこでなぶられ、ここではせかれ、主《ぬし》の心に誠があらば、つらい勤めも厭《いと》やせぬ。

こういうのだが、どうだ、寓意が分るかね。

島津斉彬　斉彬《なりあきら》公は、えらい人だったヨ。西郷を見抜いて、庭番に用いたところなどは、なかなかえらい。おれを西郷に紹介した者は、公だよ。それゆえ、二十年も以後に、初めて西郷に会った時に、西郷はすでにおれを信じていたヨ。

ある時におれは公と藩邸の園を散歩していたら、公は二ツの事を教えて下さッたヨ。それは、人を用いるには、急ぐものでないという事と、一ツの事業は、十年経たねば取りとめの付かぬものだという事と、この二ツだッたッケ。

今日は順聖公順聖公といって、世間で言囃《いいはや》すが、その当時は世間で公の人物なることを知らなかった。私は公に面会もし、秘密の書面も数回往復したるにより、よくその人物を知っていた。前にも言う通り、私は早くより蘭人に就《つ》いて海外の事情を心得ているから、私を近づけておかなければ不都合だと思ったのであろうか、たびたび書面の往復をした。公の事は大久保でさえもよく知らないが、西郷は庭作りで親しく公に接していたから、よく知っていた。公の書面は私の所に数通あったが、大久保や久光《ひさみつ》公や今の君公に所望されて、今は一通ほか残っておらない。

小栗忠順　小栗上野介《こうずけのすけ》は、幕末の一人物だヨ。あの人は、精力が人にすぐれて、計略に富み、世界の大勢《たいせい》にもほぼ通じて、しかも誠忠無二の徳川武士で、先祖の小栗又一によく似ていたよ。一口にいうと、あれは、三河武士の長所と短所とを両方具《そな》えておったのヨ。しかし度量の狭かったのは、あの人のためには惜しかった。

小栗は、長州征伐を奇貨として、まず長州を斃《たお》し、次に薩州を斃して、幕府の下に郡県制度を立てようと目論んで、フランス公使レオン・ロセスの紹介で、仏国から銀六百万両と、年賦で軍艦数艘を借り受ける約束をしたが、これを知っていたものは、慶喜殿ほか閣老を始め四、五人に過ぎなかった。

長州征伐がむつかしくなったから、幕府は、おれに休戦の談判をせよと命じた。そこで、おれが江戸を立つ一日前に、小栗がひそかにおれにいうには、君が今度西上するのは、必ず長州談判に関する用向だろう。もし然《しか》らば、実は我々にかようの計画があるが、君も定めて同感だろう。ゆえに、あえてこの機密を話すのだといった。おれもここで争うても益がないと思ったから、ただそうかといっておいて、大坂へ着いてから、閣老板倉に見《まみ》えて、承れば斯々《かくかく》のご計画がある由《よし》だが、至極《しごく》ご結構の事だ。しかし天下の諸侯を廃して、徳川氏が独《ひと》り存するのは、これ天下に向って私《わたくし》を示すのではないか。閣下ら、もしさほどのご英断があるなら、むしろ徳川氏まず政権を返上して、天下に模範を示し、しかる上にて、郡県の一統をしては、如何《いかん》、といったところが、閣老は愕《ビック》りしたヨ。

そうするうちに、慶応三年の十二月に、仏国から破談の報《しら》せが来た。後でフランス公使がおれに、小栗さんほどの人物が、わずか六百万両ぐらいの金の破談で、腰を抜かすとは、さても驚き入った事だといったのを見ても、この時、小栗がどれほど失望したかは知れるヨ。小栗は、わずか六百万両のために徳川の天下を賭けようとしたのだ。

越えて明治元年の正月には、早くも伏見鳥羽の戦が開けて、三百年の徳川幕府も瓦解した。小栗も今は仕方がないものだから、上州の領地へ退居した。それをかねて小栗を悪《にく》んでいた土地の博徒や、また小栗の財産を奪おうという考えの者どもが、官軍へ讒訴《ざんそ》したによって、小栗はついに無惨の最後を遂げた。しかしあの男は、案外清貧であったということだヨ。

鉄舟と一翁　山岡鉄舟も、大久保一翁《いちおう》も、ともに熱性で、切迫の方だったから、可哀そうに早く死んだヨ。おれはただずるいから、こんなに長生しとるのサ。

長州の人物　大楽《だいらく》源太郎は、善さそうな男だったよ。あまりたびたび会った事はなかったが、話せる奴らしかった。長州人には珍しい男サ。

　高杉晋作。年は若し、時が時だったから、充分器量を出さずにしまったが、なかなか活気の強かった男さ。

　吉田松陰。マジメな人だった。漢書は読めたし、武士道は心得ているし、なかなかエラ物だった。品川さんは無暗《むやみ》と推服してるが、その筈《はず》さ。しかし品川も味噌を付けたネ。あまり人間が正直すぎて量がないから。

　長州では、殺された者の中になかなか人物があったよ。周布政之助《すふまさのすけ》、長井雅楽《うた》。みな人に知られずに殺されてしまったが、惜しい人たちサ。今じゃア伊藤さんが一番えらかろう。生きてるからネー。

長人と薩人　長人と薩人のヤリ口を一言でいえば、長人は天下をとるために金を稼ぐが、薩人は金を得るために天下を稼ぐという相違があるよ。
　ソレと、モ一つ。長人は死んだ後々の事までも誤解されぬように克明に遺言などをかくが、ソコに行くと薩人は至極《しごく》アッサリしたもので、斬られ場に直《なお》っては一言もいわず、知己を千載《せんざい》に待つという風があるのサ。吉田松陰や西郷など、よい対照だよ。

二宮尊徳　二宮尊徳には、一度会ったが、至って正直な人だったヨ。全体あんな時勢には、あんな人物がたくさん出来るものだ。時勢が人を作る例は、おれは確かに見たヨ。

鍋島閑叟　肥前の鍋島閑叟《かんそう》侯は、名高い明君《めいくん》だが、すこぶる陽明派の学問に達しておられたということだ。文久三年の正月には、将軍家文武の輔導《ほどう》を命ぜられて、時々江戸城において将軍を訓導せられたのは、大名の中でも昔から例がないことだ。侯が一生国事に奔走せられたことは、今さらいうまでもなく世間に知れ渡っている。

江川太郎左衛門　江川太郎左衛門も、またかなりの人物であった。その嘉永《かえい》安政の頃に、海防のために尽力したことは誰も知っているだろう。この男は、山の中で成長して、常に遊猟などをして筋骨を練り、明け暮れ武芸に余念なかった。が、しかし、人の知らないうちに嗜《たしな》んでいたと見えて、ある時水戸の屋敷に召されて、烈公から琴を一曲と所望せられたのを、再三辞したけれども、お許しがないから止むを得ず一曲奏《かな》でたが、その音悠揚として迫らず、平生武骨なのにも似ないで、いかにも巧妙であったから、列座のものが手を拍《う》って感嘆したということだ。

高野長英　高野長英は、有識の士だ。その自殺する一ケ月ばかり前に、横谷宗与《そうよ》、これはおれの知人だが、この宗与の紹介で、夜中におれの家へ尋ねて来て、大いに時事を談論して、さて帰り際になって、おれにいうには、拙者は只今《ただいま》潜匿の身だから別に進呈すべき物もないけれど、これはほんの志ばかりだといって、自分が謄写した徂徠《そらい》の『軍法不審』を出してくれた。その跋文《ばつぶん》は、長英みずから認《したた》めたのだが。（とて座右の手文庫より重襲《じゆうしゆう》したる一古書を出して示さる。その跋に曰く）

徂徠先生の『軍法不審』を読むの跋

右十条の兵道疑問《ひようどう》は、頗《すこぶ》る世の兵学者流を嘲語《あざけ》るの醜に似たり。然《しか》れども、その要する所は、従来の通弊を矯《あらた》めんと欲するなり。その戦法に定法なし、須《すべか》らく時代の変化と軍器の制作に原《もと》づき、之を立つべしという。又、今の兵法は、大率《おおむね》祭後の肉に類し、実用に益なき等の語は、三百年来未《いま》だ世人の言わざる所にして、卓然たる高妙の確論なり。文勢凛々《りんりん》秋風の樹葉を掃《はら》うが如く、又電雷の耳目を驚かすが如し。敬服の余り黙止すること能《あた》わず、竟《つい》に一言を巻尾に題すという。

八月望後二日　　暁夢楼主人識《しるす》

また長英が自訴する前に、すこぶる面白いことがあったが、それはおれの『追賛一話』中へも載せておいた。

虚無僧寺の看守　高野長英の時代に一月寺という虚無僧寺《こむそう》の看守に愛璿《あいえい》という者があったが、これはえらい豪傑であった。

そもそも虚無僧の起源は、元禄以来、浪人者が天下を横行していたが、今日のごとく給料を取って仕官することも好まず、さればとて人の食客《いそうろう》となって甘んじてもいられずして、浪流している者が幾らもあった。よってそれらの者を入れるために一月寺というものを立てたが、その実、浮浪人の隠れ家も同様で、あるいは讒言《ざんげん》に遇《あ》って浪人になったが、あくまでも武士道を立てたいとか、あるいは冤罪《えんざい》を蒙《こうむ》って天下に身を容ることあたわざる者が幾らもある、それらの者を一月寺の徒弟となすことを官より許されていた。

そのわけはたとえば甲藩の藩士にして讒言を蒙って浪人となったる者は乙の藩においてこれを藩士に召抱えることのできない掟である。そうするとその浮浪人は衣食に窮して、ついに乞食になるよりほかに仕方がないによって、それらの者は普化宗《ふけしゅう》すなわち虚無僧寺に入る。普化宗に入れば天蓋を冠《かむ》って、輪袈裟をかけて笛を吹き、角《かど》に立って、幾分かの手の内を貰《もら》って歩く。そうすると人にも顔を見られずして生活することができる。それゆえに世人は普化宗の虚無僧寺を浮浪人の隠れ家と称していた。

それから追々世が澆季《ぎょうき》に至るにしたがって、堂々たる武士といえども浪人してあくまで武士道を立てるという気骨はなくなって、商法でもするようになったから、普化宗に入る者はなくなった。それゆえに愛璿が一月寺にいる頃は真の志士のみで、その人員は僅々たるものであった。

一月寺の関東の本山は目黒かどこかにあって、その出張所は小金井にもあり、江戸では牛込《うしごめ》の榎町辺にあった。出張所へは本山より看守を置いて取締をさせたゆえに看守は出張所の頭分《かしら》であって、愛璿はすなわち江戸の出張所の看守であった。

幕府時代に私の覚えで普化宗が世人の耳目を聳動《しょうどう》したるは、かの仙石騒動である。仙石騒動のことは世人の知っていることであるが、愛璿のことについてここになお一の話がある。愛璿は仙石家の騒動について、町奉行や寺社奉行に抵抗したるをもって、両奉行の役人は大いにこれを遺憾に思って、何か愛璿の落度を発見してこれを陥れんと目を着けていたれども、愛璿は正義の人で、かつて道理の外に逸出したることなきにより、奉行においてもこれをいかんともすることができない。

ここに数年を経過するうちに天保十四年に至りて、当時の志士渡辺登は『鴃舌小記《げきぜつしょうき》』を書いて、処刑を受け、高野長英も『夢物語』を書いて、幕府の忌諱《きき》に触れたが、長英は前にも述べたるごとく町医にして、三宅より出入扶持を貰《もら》っているのみで、三宅の家来でないから、幕府は直にこれを捕えんとして、探偵はしきりに長英の跡を尾《つ》けておった。そうして段々探偵が厳重になって、長英が自宅におれば踏込んで捕えんとし外に出ておれば直にこれを捕えんとして、もはや身を容るる所がなくなった。

ここにおいて長英は、仙石騒動について、神谷転《かみやうたた》が一月寺に潜匿して愛璿に助けられたることを思い出し、それとこれとは事情は異なれども、自分も天下国家のためを思うのあまり『夢物語』を書いたのだ。しかるにいかに幕府の忌諱に触れたればとて、盗賊と同じく捕吏の手に捕縛されては遺憾きわまりなきことである。ついては彼《か》の神谷転の例にならって、一月寺に駆込んで、一時身を忍ぶよりほかに良策はないと考えて、一月寺の出張所に駆込んだ。そうして自分は斯様《かよう》々々のわけで、幕府の嫌疑を受けて、今やまさに捕えられんとしているが、自分は決してそれほどの罪はないものと信ずる。よって一月寺の弟子となって、一時潜伏したいと思うから、どうか弟子にしてくれ、と言って依頼した。

そうすると愛璿が出てきて、長英に逢って、段々その身分や顚末《てんまつ》を聞いて、愛璿が言うに、その考えは甚だ宜《よろ》しくない。もし足下が士分なればこの寺の徒弟となって、捕吏の追跡を免ることができるけれども、足下は士でなくして、一個の町医にすぎない。しかるに捕吏に追跡されるからというて、これを徒弟とするにおいては一月寺の法則に背くから、決して許すことはできぬ、と言って拒絶したから、長英は大いに落胆した。

町奉行の探偵は長英の跡を尾《つ》け来《きた》りしに一月寺へ逃込んだによって、寺の門前より向う側に至るまで、見張を置き、長英出《い》で来らば直にこれを捕えんと待構えておったが、前にも述ぶるごとく一月寺は寺社奉行の支配なるをもって、町奉行の役人が直《じか》に踏込んで捕えることはできないによって、捕吏を馳《は》せて当時の寺社奉行松平伊賀守《いがのかみ》に掛合った。伊賀守もこれを聞いて、かねて仙石騒動以来、愛璿の落度を発見して彼を陥れんと思っている際なるにより、直《すぐ》にこれを承諾し、物頭《ものがしら》に二十人ほどの足軽を引率して、一月寺に踏込んで長英を捕うべき旨を命じた。かくて町奉行より寺社奉行に掛合う間に少し余裕があった。

一月寺では長英はもはや遁《のが》るべからざるものと思って、万感胸に迫り、しきりに嘆息している。愛璿はこれを慰めて、足下は大層心配の様子に見受けるが、まず心をしずめてよく考えるが宜《よろ》しいと言って、酒肴を饗して、さて言うよう、足下は何も盗賊を働いたるわけではなし、いわば国家の事を憂えて天下の形勢を論じたる書物を著《あらわ》したるに過ぎぬ。しかるに足下のようにただ嘆息のみしていては所詮遁《のが》るることはできないによって、これより直に町奉行に駆込んで、私の身分に何かご嫌疑があって、お探《たず》ねになっているとのことゆえ、お調べを願いたいと言って自首すれば、少し牢へ入れられるくらいで済むから自首するが宜しい、と言って説諭した。

長英もその説に服して、しからば自首したいと思うが、何しろかように門前に捕吏が手配りしていては遁るる道がない、と言ったところが、愛璿はそれは私が何とか策をめぐらして、彼らに捕えられぬようにするから、まずそのように心配せずに酒を飲んで、心を落付けるが宜しいと言って、酒をすすめ飯を食わせ十分に支度の整いたる時を窺《うかが》って愛璿は突然隣家の垣を破って、サアここからお逃げなさいと言って、一月寺の裏の方へ逃がして、その足で直《じか》に町奉行へ駆込ませたが、かかる危急の場合に臨んで、かくのごとき奇計をめぐらしたる愛璿の働きは実に感ずるにあまりあることである。

門前に見張っていた捕吏はいつまで待っても長英は出《い》で来《きた》らず、一同困っているところへ寺社奉行より物頭が二十人の足軽を引率し来りて、突然一月寺へ踏込み、愛璿を喚《よび》出《だ》して、かねて幕府の嫌疑を受けてお尋ね者になっている町医高野長英なる者当寺へ逃込み、出で来らざるによって、直に引渡すべしと厳談に及んだ。

しかるに愛璚はすこしも驚く気色《けしき》もなく、泰然として、そのような者は当寺へは参りませぬ。それは大方《おおかた》何かのお間違いでございましょう。かく申す愛璚は固く御法を守って、そのような者は決して弟子に取りませぬ、と主張して、何と言っても承服しないけれども、現に町奉行の捕吏が寺の周囲を取巻いて警戒していたるに、長英が出て来ないのは何よりの証拠である。これは必定愛璚が隠匿したものと信じているから、寺社奉行の役人も承知しない。段々掛合い詰めたが、どうあっても愛璚は承服しない。ついに家宅捜索をするということになったところが、愛璚大いに怒って、これは怪《け》しからぬ。当寺はもとより蕞爾《さいじ》たるものなれども、不肖愛璚が看守となって、守っている以上は、決して上《かみ》に対して詐《いつわ》りは申立てぬ。しかるにそれにでもなお、お疑いになるなれば、よんどころないによって、どこでも捜索なさいと言放った。そこで役人は天井より縁の下に至るまで隈《くま》なく捜索したけれども、もとより長英のいよう筈《はず》はない。

ここにおいて愛璚は不服を唱えて承知しない。いやしくもこの愛璚は虚欺《きょぎ》の申立をなして御上を詐るものではありませぬ。しかるをいかに御支配とはいえ、かく当寺を蹂躙されては本山へ対して相済まざることである。よってその趣を寺社奉行に申立てなければならぬと言って、厳談に及んだが、もし公然寺社奉行に掛合われると、物頭の瑕瑾《かきん》になって職を罷《や》められるによって、物頭は大いに驚いて、全く私どもの不行届であると恐れ入って詫びるから、愛璚はこれを許した。

町奉行の役人も長英の跡を尾けてきて確かに一月寺へ逃込んだのを見届けたるに、おらぬというは不思議であると言って、一同呆《あき》れていたが、その時はもはや長英はすでに町奉行所へ自首して出た後で、長英が縄目の恥辱を受けずして、いさぎよく自首したるは全く愛璿の勧誘によりたるにて、愛璿の豪胆にしてかつ義侠心あるは人々の称讃措《お》くあたわざることであった。

私はかねてその話を聞いているによって、ぜひ愛璿に逢いたいと思って、ある時わざわざ一月寺を訪問したところが、愛璿は有髪にして優しき姿であった。私は貴下の高名を慕って逢いに来たと言ったところが、愛璿は、へー左様でございますか、この虚無僧寺の看守は何も存じませぬ、と言ったのみでほかに話はしなかったが、何にしても感心なる人物であった。

山内容堂　土佐の山内容堂《ようどう》公は、天資豪宕《ごうとう》、襟懐洒落《きんかいしゃらく》、真に英雄の資を具《そな》えておられた。平生の議論も、人の意表に出でることが多かったが、それのみならず、公は、文詩、書、画などの余技にさえ巧みであって、老儒巨工もなかなか及ばなかったという事だ。

岩倉具視　岩倉具視《ともみ》公は、度量が大きくて、公卿《くげ》の中では珍しい人物であったよ。おれにさえ平気で政治上の事をいろいろ諮問せられたが、明治二年に、おれに送られた手紙にはこういう事が書いてある。

寒冷之砌《みぎり》、先以《まずもって》御壮健、欣然候《にそうろう》。然《しか》レバ、近頃御苦労之至《いたり》ニ存候得共《ぞんじそうらえども》、深ク御懇談申入度《たき》筋有之《これあり》候ニ付、今夕亦者《または》明早朝ノ中《うち》、来臨不相成哉《あいならずや》。少々御所労ニモ承リ候得共、何卒《なにとぞ》押テ御出頭有之《これあり》候様致シ度《たく》候。仍《よっ》テ早々如此《かくのごとく》候也。

十一月二十日　具視

勝安房殿

今から当時の事を追想すると、おれも感慨に堪えないヨ。

山階宮　山階宮《やましなのみや》は、実に卓識なお方で、世間が攘夷説で騒いでいた頃から、すでに開国説を持っておられた。当時開国の意味が本当に分っていたのは、宮方では山階宮、公家では堤《つつみ》中納言のみであった。

おれが京都にいた時分に、宮は一度おれに会って、西洋の事情が聞きたいと仰せられるので、薩州の高崎正風が、その御使者に来た。高崎は、当時、宮にお付き申していたが、おれとはいたって懇意であったのだ。しかし、この頃は今と違って、こんな事もずいぶんやかましかったのだから、おれもすぐにはご返答を申上げないで、一応その筋へ掛合ったところが、原市之進などが故障を言ったために、やむなくお断りを申上げた。

ところが、宮は、それでは貴様の手で調べた、西洋の事情を書いたものがあるなら見せてくれと仰せられたから、清書もしないものを、草稿のまま差出して、それに軍艦の模型などを添えてご覧に入れたが、惜しい事には蛤御門の変に、書類も模型もみんな兵燹《へいせん》にかかって亡びてしまった。

その時宮から下さったご手蹟と、煙草盆とがあるが、こないだ、はからずも宮の御訃音《ごふいん》に接して懐旧の情に堪えず、蔵から取り出させた。ご手蹟の方は深く納めてあると見えて、ちょっと分らなかったが、煙草盆はこれだ。（これを見るに、鄭重《ていちょう》に桐の箱に納めらる。箱の蓋に記あり。曰く「山階宮様御常用之煙草盆丙寅六月以特恩所賜也安房守義邦」と、けだし翁の手記にかかる。煙草盆は、白木の桐に菊花の散しあり。頗《すこぶ》る高雅の逸品なり）

これは宮がご常用の品を下さったのだ。別に結構なものを下さるよりは、こんなものの方が、かえって有難味のあるものだ。これ、この通り抽斗《ひきだし》の中に御用の香も煙草も、下されたままで保存してあるのだ。

ご手蹟は何でも、「万物並育不相害《ばんぶつならびそだちてあいそこなわず》。道並行不相悖《みちならびおこなわれてあいもとらず》」の十三字であったと覚えるが、これはおれが常に好んで誦《ず》する語だ。

その後、いつか一度お目にかかった事があるばかりで、一朝溘焉《こうえん》としてご薨去《こうきょ》になったのは嘆かわしい事だ。

高島秋帆　高島秋帆《しゅうはん》というのは、日本で銃陣の鼻祖だ。通称を四郎太夫といって、代々長崎の町年寄であったが、ある時ドイツの一武官が長崎へ来たのに会って、いろいろ軍事上の事を聞き、初めて西洋に銃陣というものがあるのを知って、日本の武器は、とてもこれには及ばないことを覚った。そこで秋帆は世間の人の誹《そし》るのをも顧みず、自分の財産を擲《なげう》って、この銃陣というものを習い、大いに得るところがあった。

ついてはその成績を見分して下されい、と幕府へ願い出たので、幕府もこれを許して、武州徳丸原《とくまるがはら》において、実地演習をやらせてみた。ところが旧来の兵術家は、勿論《もちろん》いろいろと非難したけれど、諸藩士の中で多少天下の形勢が分っている人は、いずれも感服してその門にはいり、弟子の礼をとった。幕府の方でも、勢いこれを排斥することもできないから、ついに江川、下曾根の両砲術家を同じく秋帆の門に入らせることになり、秋帆の名もおいおい広まってきた。

ところが、これは改革時代の先輩にはとかくありがちのことだが、秋帆もとうとう保守家の讒言に遭《あ》って、家財を没収せられ、自分は縲紲《るいせつ》の辱《はずかしめ》を受けるようになった。しかしながら真理の前に敵はない。秋帆の不幸も一時の事で、しばらく経つとまた用いられて、講武所の師範役になった。とにかくあれは具眼の士さ。

向山黄村　向山黄村《むこうやまこうそん》は、詩人ではないよ。あれは学問の素養があるから、ちょっと余興に作っても、あんな傑作が出来るのだ。あれはもと、一色仁右衛門といって、これもなかなか学問もあり才気もあった幕臣の子で、幼名を栄五郎といったが、幾つかの時に聖堂へはいって勉強していた時にも、塾生の中で嶄然《ざんぜん》頭角を顕《あらわ》したのみならず、世間でもよほどの評判であった。

そこで、これもやはり幕臣の向山源太夫というものが、栄五郎の才学を慕って、親の仁右衛門に、栄五郎どのを是非とも拙者の養子にくれと願望した。ところがこの向山源太夫という男もずいぶん学問も見識もある上に、すこぶる吏務に長じていたので、その頃旗本中では至極《しごく》評判のよい方であったから、仁右衛門も一議に及ばず、その趣を承諾して、すなわち栄五郎に向山家を嗣《つ》がせることになったのだ。

その頃幕府は、北海道へ手を着けることになって、向山源太夫は箱館奉行を命ぜられて、かの地へ派遣せられたが、そのうちに養子の栄五郎を準組頭に取立ててはるばる箱館まで呼び寄せ、自分の手元で使ってみたところが、果して自分の眼識に違わず、大層役に立った。

かれこれするうちに、源太夫は同僚のものと、北海道の各地を巡視して、樺太《からふと》まで行くことになったが、栄五郎もまた一行の中へ加わった。この時分の北海道といえば、もとより人跡の未《いま》だ到らん所が多かったのだから、新たに地名を付けるとか、またはいろいろの測量をするとかいうような仕事が随分たくさんあったが、多くは栄五郎が一人で引受けてやってしまったということだ。この時の旅行は、いわば栄五郎のために初旅で、その上樺太へはロシア人が来ていたから、これらに対する交渉やなどで、あれも非常に有益な経験を積んだのだ。

こんな事で、栄五郎の評判はますますよくなったところから、小栗や栗本などがフランスへ制度視察のために派遣せられる時には、出格《しゆつかく》の取扱をもって観察使になって、一緒に洋行することになった。それで一行はフランスからオランダを経て帰朝してみると、本国の形勢はますます迫って、非常に人材を要する場合であったから、栄五郎はまたも出格の取扱を受けて、すこぶる重く用いられた。

この時朝廷から将軍家茂《いえもち》公に鎖港の御上意を下されたが、将軍は天下の大勢《たいせい》を鑑みて、到底お受けはできないと信じて、辞表を呈出して京都を立去られたが、この辞表は、数多き幕臣の中から特に栄五郎を選抜して書かせられたのだ。ただに書かせられたのみではなく、栄五郎は、また辞表を上《たてまつ》るについての評議に与《あずか》ったのだから、当時栄五郎というものの勢力が小さくなかったことは分る。

すると重立《おもだ》った幕府の執政者は、みな栄五郎の重く用いられるのを妬《ねた》んで、何だ生意気ものめが新参の癖になどと、種々《さまざま》毒言を放って、とうとう栄五郎を陥れて、謹慎を命ぜられるようにさせた。こんな事は、いつの代にもよくあることだが、旧幕時代では、ことさらこの弊害は甚だしかったのだ。

かれこれするうちに、慶喜公が将軍になられたことから、栄五郎は再び登用せられて、参与になって、またも枢機に与ることになったが、あの大政奉還の上表文は、誰が書いたかよく覚えぬが、政権返上の後に将軍は謹慎の身となられた、それについての上表文は、たしかに栄五郎が書いたのだ。そののち将軍から出た上表の類《たぐい》も、たいていは栄五郎の手に成ったということだ。

さていよいよ明治の世になってからは、栄五郎は、野心も、希望も、いっさい擲《なげう》ち去って、沼津の里で専ら教育事業に従事しておったが、世の変遷につれて長く沼津にいることもできず、またもや東京へ出ては来たが、しかしながら田安、一ツ橋両家のほかへは、いっさい関係せぬと決心して、熱心にこの両家のために教育などの世話をし、そのほかへはちっとも俗累を拵《こしら》えなかった。そして傍ら文墨《ぶんぼく》を楽しんで、悠々残年を送ったのだ。左様さ、おれよりも二歳ばかり若かっただろうよ。まあともかくも一世の人物さ。

岡本黄石　岡本黄石《こうせき》は、大塩中斎の高足《こうそく》宇津木矩之丞《のりのじょう》の兄だが、この宇津木というのは、なかなか剛直の男で、大塩があの「救民天誅」の旗を立てて、兵を挙げんとした時に、直ちにその前へ出で、「先生このたびのご挙動は、平生の沈着にも似ず、暴虎馮河《ぼうこひょうが》の軽挙である。大義は今さら小生が申上ぐるまでもないが、いかに長らく先生の高恩を受けていればとて、聖賢の遺訓に背いたご挙動、反逆に類するご計画には、小生断じてご賛成いたすことができない。願わくは先生今一応のご熟慮を煩《わずら》わしたい」と切諫《せっかん》した男だ。

それで、黄石も、世間からは、詩人に見られているけれども、あれも決して尋常彫《ちょう》虫《ちゅう》の芸人ではない。もとは彦根藩の家老で、禄高千石も食《は》んでいたから、家政の豊かなのに任せて、楽しみに詩も稽古をしたのだが、それがあんなに上手になったのだ。

全体あの男は、佐幕家であったから、その頃若い人の間では、ずいぶん評判が悪かったが、しかし井伊大老の殺された時の処置ぶりなどは、おれも感心したよ。

何でもあの時井伊の家中で、血気にはやる連中は、すぐに水戸の屋敷へ暴れ込むといって大騒ぎをしたのを、黄石はいろいろに宥《なだ》めて、幕府へはただ、自分の主人が、登城の途中暴漢のために傷つけられたことを届け出て、事を穏便に済ませたが、もし、その時黄石が、思慮のない男で、一時の感情から壮士どもの尻推《しりおし》でもしたものなら、それこそ大変で、幕府もきっとこれがために倒れるし、すでに幕府が倒れれば、当時の形勢必ずや日本全国の安危に関わるのであった。それを、まずあの通り穏かに済ませたのだから、若い人たちが何といって誹《そし》ろうが、とにかくえらい。およそあんな場合に、一時の感情に制せられず、冷《ひや》やかな頭をもって国家の利害を考え、群議を排して自分の信ずるところを行うというには、必ず胸中に余裕がなくてはできないものだ。

その後、おれはあの男に会った時に、国家の大事を思って、一身の毀誉を顧みず、至《し》極《ごく》穏当な処置をしたのは、感心だといって、誉めてやったら、知己を得たといって、大層喜んでいたよ。

全体あの頃、諸侯の家老というものは、多くは学問も見識もない、分らない奴らばかりで、足軽などに担ぎまわされていたのだが、その中で、この岡本黄石と、広島藩の辻《つじ》将曹との二人は、まず鶏群中の一鶴であったのだ。辻という人は、芸州の家老だから、幕府と長州との間に立って、うまくその折合を取っていたのだが、朝廷でもその功労を認められて、今では華族に取立てられている筈《はず》だ。この二人のほかには、論ずるに足るような人物もいなかった。

また、ここに一つおかしい話があるのは、長州征伐の時の事だが、あの時、彦根はもとより旗本の旗頭だったから、旧例によって先鋒を命ぜられた。そしてその大将は、すなわち黄石であった。勿論《もちろん》この頃の彦根あたりは、未《いま》だ太平三百年の夢が覚めない時であったから、本当の戦争というものを知らない連中ばかりで、三百年も昔のように、やはり赤具足を着込んで、旗差物を押し立てて、笛や太鼓でヒュードンヒュードンと囃《はや》し立てて進んで行った。

ところが長州の武士は、すでに開化している。尻を端折って身軽にいでたち、紙屑拾いか何ぞのような風で、旗鼓堂々たる幕軍とすれ違いに、傍の小路を通って、こちらへ進んできた。しかし風体が風体だから、幕軍の方では、それが敵兵であろうとは、少しも気付かなかった。長州兵は、その隙に乗じて、事もなく幕軍の先鋒をやり過しておいて、さて不意に本陣の大将を目がけて鉄砲を放った。そこで、幕軍は大騒ぎをしているうちに、大将が討死をしたという風説が、先鋒へ聞えてきた。ここにおいてか、さすがの黄石も狼狽して後へ引返したということだ。これは、後で黄石が直接おれに話して聞かせた。

全体あの男は、根が正直一方であったから、時勢の変遷推移ということを知らずに、明治の代になっても、やはり昔の家老のような考えでいたから、一向志を伸べることもできず、始終若いものに因循だとか、旧弊だとか、誹《そし》られていて、本当に気の毒な人であった。

今年の春あれが死ぬる二、三ケ月前の事だったが、こういう詩を贈ってよこした。

久矣《ひさしいかな》人間《じんかん》幾《いく》変遷《へんせん》　長天《ちょうてん》四海《しかい》太平《たいへい》年《のとし》
残骸《ざんがい》九々《くく》又《また》加一《いちをくわう》　須《すべからく》向春風《しゅんぷうにむかって》誇瓦全《がぜんをほこるべし》

ほんに昨日の事のようだが、思えばもはや幽明処《ところ》を異にして、またと再び会うことはできない。一首の絶句もつまり涙の種さ。

沢太郎左衛門　沢太郎左衛門もおれの昔からの友達で、おれよりはまだよほど若い筈《はず》であったが、とうとう死んでしまった。あれは、昔おれから歩兵の調練を受けたものだが、その後おれは長崎へ行って、いろいろやっているうちに、あれも海軍の方へ廻されて、同じく長崎へやって来て、蘭学の稽古などを始めたが、なかなかの勉強家で、書生の間でも指折りの才子だといって、教師も常に賞めていた。

そうこうするうちに、幕府は海軍の学術研究生をオランダへ派遣することになったので、沢も榎本、林、赤松、真木などいう連中とともに欧州へ留学を命ぜられた。全体、この頃長崎で海軍の修業をしておった書生は、随分たくさんあった中で、わざわざ選抜せられて海外へ留学を命ぜられるのだからこの一組は、とにかく優等生ばかりであった。

それで、これらの連中はいずれも四、五年ぐらいオランダで勉強して帰ったが、もう学問もほぼ成就していたから、それぞれ一廉《ひとかど》の役目を勤め得たので、開陽丸をエライ威勢で乗りまわして帰ってきた。そこで、この頃は、すでに築地に海軍の練習所が建てあったから、まず差し当り、新帰朝者をこの方へまわして、兵学の教師をさせることになった。しかし兵学の教師などといったところが、今から考えてみれば、教える方も教えられる方もまるで夢中さ。

とやかくするうちに、世の中は勤王論や佐幕論で、段々物騒になってきたので、今の連中もそれぞれ見るところによって、方向を定めなければならない。さーこうなってくると、この連中の間で戦争すると言うものと、せぬと言うものと、すなわち主戦論と、非戦論との二派に分れた。それで沢は、榎本らと箱館の脱走組となって、主戦論の原動者となったが、箱館の戦に負けて、榎本、大鳥らを初めとして、重立った面々は、みな捕縛せられてしまった。

それからしばらくするうちに、天下は治まり、世は追々にヨーロッパの新文明を移植することとなってきた。そこで、築地に文明流儀の海軍兵学校ができたが、この時の校長ともいうべきのは、今の海軍中将中牟田《なかむた》倉之助で、その時分には、これを学校の頭取と言っていた。沢もその時は、もはや赦《ゆる》されていたから、人材登庸の仲間入りをして、兵学の教官となって、しばらく育英の事業に一身を投じていた。

おれは、この時分海軍卿をしてはいたけれども、おれの流儀として、大体の事ばかりに眼を着けて、細かい事には、一向無頓着であったから、当時の事情は、あまりよくは知らなかったが、しかしこの学校からは、随分たくさんの人物を出したかと思う。そののち沢も今がよい時機だと言って、学校を辞職したが、元来《がんらい》あれは財産があったから、その後静かに晩年を楽しんでいた。

見なさい。沢らの手で仕立て上げられた海軍兵学校の卒業生で、今は海軍の枢機に与《あずか》っているものも沢山あるが、みないやに豪傑ぶった顔をしているからおかしくなるよ。

大迫貞清　この間も大迫《おおさこ》貞清の死んだ事を聞いたが、おればかりこうして残っているのは、実に不思議でならないよ。

全体、維新後の静岡県は、旧幕のものがたくさん移住していたところだから、なかなか尋常の人では、治め難い事情もあったが、こういう所の県令には大迫が適任だと思って、おれは彼を推薦したのサ。この推薦のことを、故大久保利通に話したところが、大久保は不承知のようだったけれども、まあおれに見所があるから、是非にと迫って、強《し》いて赴任さす事になったが、やはり、おれの望み通りうまくやってのけたヨ。

大迫は、極めて大量寛宏の男で、静岡では別段これという干渉圧制がましい事はせず、一意ただ公平至誠の考えをもって、県治を施して、敵も造らず、味方も造らず、ずっと大様《おおよう》にやったから、徳望は自然に帰し、県下は無為にして治まったのサ。

しかし、初めは、大迫の腕で、あの難治の静岡に県令となることができるかと危ぶんでいた人も、大久保のほかにも多かったが、九年の間、一度の浪風《なみかぜ》も起さず、至極《しごく》穏やかに県民の心を統一した手際を見ては、何人《なんぴと》も今さらのように感心したヨ。県令から一躍して、警視総監に任用せられたのも大方その結果だろう。

徳川家達　三位《さんみ》様は、元来《がんらい》人に可愛がられる質《たち》で、学問も相応にあり、至極《しごく》正直で、勉強家だからお上《かみ》にも始終お目を懸けて下さるよ。この頃はあんなに日増《ひまし》に肥満せられるから、おれは十分にご運動なさいとお勧め申したが、その通り昨今は絶えず運動しておられるそうだ。さすがに征夷大将軍の血脈を受けておられるだけあって、どことなく人と違うところがあるよ。

おれもすでに三十年以上徳川家のために骨を折ったのだから、近来はなるべく関係しないようにしているが、それでも時々はご相談があるよ。この間も市長の候補者を辞退したがどうだと仰ったから、それは至極《しごく》よろしかろうと申上げておいた事だ。

一体おれは慶喜《よしのぶ》公にでも家達《いえさと》公にでも、常々こういっているのだ。維新の際に大政を奉還したのは、つまり国家の安寧《あんねい》と、人民の幸福とを望んだので、その当時議論の沸騰したことは、とても今日政治家や新聞屋がわいわいいう比ではなかった。それをよく抑え付けて、何事もなく今日に至らしめたのは、実際徳川家の功労である。朝廷においてもそこをご覧なさって、華族に取立てられ皇室の藩屏《はんぺい》と定められたのだから、もうこの上は、こせこせした事にいやしくも動いてはいけない。他日もし非常な場合が来て、徳川氏出《い》でずんば蒼生《そうせい》をいかんせんというような折があるまでは、まずまず落ちついておられるがよろしかろうと、こういっておくのだ。三位様が市長の候補者を辞退せられたのも、大方そこのところをお考えになったのであろうよ。

今北洪川　今北洪川《いまきたこうせん》は、かつてその名を聞いていたから、一度訪問してみたが、あの人は、少し俗気がある。近代の僧門では、どうしても行誡《ぎょうかい》が一番だろうヨ。この間、〇〇が来たから、興に乗って、問答をやってみたら、少しも応接がなかったよ。坊主は、寺の再建とか何とか言って、金ばかり取りに来るがね。コッチの意見は、寺はつぶれるに任せるがよいという持論だ。

北条義時　北条義時は、国家のためには、不忠の名を甘んじて受けた。すなわち自分の身を犠牲にして、国家のために尽したのだ。その苦心は、とても硜々《こうこう》たる小丈夫には分らない。頼山陽《らいさんよう》などは、まだ眼孔が小さいワイ。おれも幕府瓦解の時には、せめて義時に嗤《わら》われないようにと、幾度も心を引き締めたことがあったッケ。

足利義満　足利義満が、明《みん》の皇帝から、日本国王に封ぜられたのを、歴史家は、口を極めて攻撃するようだが、おれは何も義満を弁護するではないけれど、彼が虚名の封冊《ほうさく》を受けたのは、これによりて、実際の利益を採《と》ろうという考えだったことを忘れてはいけないヨ。彼が明に頭を下げて、どしどし永楽銭の恵与を請うたところを見ると、彼もなかなか喰えない男サ。

細川頼之　細川頼之《よりゆき》は、日本の大経済家だヨ。海外貿易から、足利氏財政の制度まで、この人の創刱《そうそう》に出たものが多い。

中江藤樹　中江藤樹《とうじゅ》は、日本で陽明学の開祖だ。その人と為《な》りのいかんは、今さら言わなくっても、近江《おうみ》聖人という称号のあるので、よく分っている。なにぶんこの人は議論よりも実行を重んじたのだから、著書といっては、別に今日まで伝わっているようなものもないが、しかしながら、その歿後二百五十年も経った明治の代にすら、なお藤樹先生の遺徳を追慕するものが、世間に幾らもあるのは、その風流余韻が、深く人心を浸潤しているからだ。

藤樹のことを思うにつけて、毎度ながら癪に障《さわ》るのは、今日も漢学者だ。人を感化する道徳も、世を救済する経綸もまるでない癖に、修身斉家だとか、治国平天下だとか、法螺《ほら》を吹きまわったり、それでなければ、益《やく》にも立たない詩賦文章をひねくったり、よせばよいのに訓詁《くんこ》考証にこせこせしたり、それでいて、当人は天晴《あっぱれ》天下の儒者だといって得意がるのが、おれにはおかしい。こんな奴らは畢竟《ひっきょう》社会の穀潰《ごくつぶ》しだ、居候《いそうろう》だ。

全体漢学というものは決してわるい学問ではない。やりようによってはずいぶん役に立つのだ。それが今日のように一向振わないというのは、つまり漢学がわるいのではなくって、漢学をやる人がわるいからだ。漢学者が漢学の頭脳を忘れて、聖賢の心法を活用することをなし得ないで、いたずらに記誦詞章の末技《まつぎ》に汲々としているからだ。若い人たちは、今からそこをよく弁《わきま》えて勉強するなら、なに、聖人の名は藤樹一人のものではないよ。

熊沢蕃山　熊沢蕃山《ばんざん》は、儒服を着けた英雄だ。彼は中江藤樹の門人で、学問はもちろん王陽明を主としたのだが、その頃は非常な勢いでもって四方を風靡した。備前の新太郎少将に召抱えられた時には、大いに従前の弊政を改革して、荒地を拓《ひら》いたり、堤防を築いたり、教育を奨励したりなどしたものだから、備前の民は、今日に至るまで、蕃山の余沢を蒙《こうむ》っていることが多いのだ。おれは今の政治家や、教育家のする仕事を見るにつけて、しばしば蕃山を思い出すヨ。

天　海　南光坊天海は、非凡な奴であったらしい。あれが今しばらく頭を円《まる》くせなかったら、きっと家康公に向って弓を彎《ひ》いたであろう。

あの男はもと、宗家の葦名《あしな》家が滅亡したために流浪落魄《らくはく》して、とうとう叡山の坊主になり、そこで非常に苦学したるものだが、一朝家康公の知遇に感激してからは、赤心を捧げて徳川氏のために画策経営の労を執ったのだ。なかなか今時の懶惰《らんだ》書生が、十分の学資がありながら、それで何事もしでかさないで、空《むな》しく一生を過ごしてしまうのとは、頭から較《くら》べものにならない。

　ところで家康公が天海をなぜ用いられたかということについては、おれに一説がある。それはほかでもないが、家康公は幼少の時に今川家の質《しち》となって、駿河《するが》の臨済寺で読み書きの稽古をせられたが、その寺の住職は、よほどな高僧であったと見えて始終今川家の枢機に参与して、今川家のためにはずいぶん功労があったらしい。家康公は明け暮れそれを覧《み》ておられたから、出家というものは、政治上至極《しごく》大切なものだという考えが、深く脳髄にしみ込んでいたに相違ない。そこで彼《か》の天海の非凡な坊主であることを見ぬかれて、あの通り重く用いられたのだ。

　三代将軍が、沢庵《たくあん》和尚を座右に置かれて、始終民間の事情や何かを聞いておられたのも、つまり家康公が、天海におけるのと同じ筆法だ。

　それはさておき、天海はあれほどの人物であって、そしてあれほど重く家康公に用いられたとすれば、天海の事蹟というものが、それ相応には伝わっていなければならないのに、それが一向歴史にも載っていないのは、なぜだろうと疑うものがあるかも知れない。が、しかし、その伝わっていないのがすなわち天海の天海たる所以《ゆえん》なのだ。

　今日やった事をすぐに明日、しかも針ほどの事を棒のように吹聴するのが今時の流行だが、天海などのはそれと違って、家康公の枢機に参与しても、どんな事を計画したのか、世間へは少しも吹聴しない、この吹聴しない、少しも分らない底に、叩くと何だか大きく響くものがあるのだ。そこがすなわち、えらいというものよ。

沢　庵　沢庵《たくあん》和尚も、もとは一個の雲水僧で、六十余州を遍歴して、各地の民情風俗に通じておった。そこで三代将軍にも用いられたのだが、その凡人でなかったこと、和尚を推挙した人のえらかったので分る。その人は誰かというと、ほかでもない、有名なる柳生但馬守《たじまのかみ》だ。

柳生宗矩　柳生但馬守は、決して尋常一様の剣客ではない。名義こそ剣法の指南役で、ごく低い格であったけれど、三代将軍に対して非常な権力をもっていたらしい。全体誰でも表立って権勢の地位に座ると、大勢の人が始終注意するようになり、したがって種々《さまざま》な情実ができて、とても本当の仕事のできるものでない。柳生は、この呼吸を呑み込んでおったと見えて、表向はただ一個の剣法指南役の格で君側《くんそく》に出入して、毎日お面お小手と一生懸命にやっていたから、世間の人もあまり注意しなかった。しかしながら、実際この男に非常の権力があったのは、島原の乱が起った時の事で分る。

島原の乱の時に、注進が幕府へ来ると、将軍はすぐに板倉内膳正《ないぜんのしょう》に命じて征討に向わしめられた。ところが柳生は、この時ちょうどある大名に招かれて、御馳走になっていたので、ちっともこの事を知らなかったが、その席へ来た他の大名が、島原征討の役目を内膳正に仰せ付けるのは、人があまり軽すぎるといって、非難しているのを聞いて、初めてそんな事のあったのを知って、大変に驚いて、その大名の馬を借りて、すぐに内膳正を追《おい》かけて六郷《ろくごう》まで行ったが、とても及ばないと覚って後返りして、すぐその足で将軍の御前へ出《い》で征討の将がその人を得なかった事を、ひどく諫言したということだ。

全体将軍が、すでに厳命を下して、江戸を発《た》たせたものを、わずか剣道指南ぐらいの身分でおりながら、独断でもってそれを引留めようというのなどは、とても尋常のものではできないことだ。

おれはこの一事で、柳生が将軍に対して、非常な権力を持っていたことを見抜いたのだ。およそ歴史を読むには、こんなところに注意しなければ、事実の真相は分らない。いわゆる眼光紙背に徹するというのは、つまりこんな事さ。

柳生但馬の、沢庵禅師におけるは、大方その跡を晦《くら》ましたものだろうヨ。道を聞くにかこつけて、四方の形勢を聞いたのだろう。あんな時代に、諸方に旅行するものは、僧侶ばかりだから、政治家は、僧侶にでも聞かなければならなかったのサ。

宮本武蔵　宮本武蔵という人は、大層な人物であったらしい。剣法に熟達しておったことは、勿論《もちろん》の話だが、それのみならず、書画にも堪能であったと見えて、書いたものの中に神品ともいうべきのが沢山ある。

この人は、仇があったので、初めは決して膝から両刀を離さなかったが、一旦豁然《かつぜん》として大悟するところがあって、人間は、決して他人に殺されるものでない、という信念ができ、それからというものは、まるでこれまでの警戒を解いて、いつも丸腰でいたそうだ。

ところがある時、武蔵が例の通り無腰で、庭前の涼台《すずみだい》に腰をかけて、団扇《うちわ》であうぎながら、余念もなく夏の夜の景色に見とれていたのを、一人の弟子が、先生を試そうと思って、いきなり短刀を抜いて涼台の上へ飛び上がった。武蔵はアッといって忽《たちま》ち飛び退《の》くと同時に、涼台に敷いてあった筵《むしろ》の端をつかまえて引張った。すると、そのはずみに、弟子は涼台から真逆様《まっさかさま》に倒れ落ちたのを、見向きもせずに平然として、何をするかと一言いったばかりであったそうだ。

人間もこの極意に達したら、どんな場合に出会うても大丈夫なものさ。

北条早雲　北条早雲《そううん》というと、誰もただ炯眼《けいがん》な戦将だとばかり思うけれども、あれは、また非凡の政治家だヨ。もとこの関東八州は、室町将軍の領地で、租税の苛煩《かはん》なのは、日本一のところだった。大方《おおかた》七公三民くらいに当っただろう。早雲は、これを察して法を三章に約し、大いに租税を軽減したものだから、民のこれに従うことは、水の下《ひく》きに就くようだった。あれが羈旅《きりょ》の身をもって、手に唾《つばき》して関八州を収めたのは、ひとり英雄の心を攬《と》ったためばかりでない、また民心を服し得たからだ。

西　行　西行法師《さいぎょう》は、古今第一等の人物だろう。試みにその歌を誦《ず》してみると、彼が高潔の姿は、彷彿として眼の前に顕《あらわ》れるヨ。一旦志を立てて超然として脱俗し、少しも世を怨む風がなく、一生を風雅に托したのは実に高士ではないか。

徂徠と白石　物徂徠《ぶつそらい》は、豪傑儒だ。一体儒者が徳川幕府へ登用せられるのは、たいてい林家の取り成しによるのだが、ひとり林家の下風に立たなかったのは、白石と徂徠とばかりだったヨ。

徂徠がかつて布衣《ほい》をもって将軍に謁見した時に、将軍は、朝鮮修好に関する機密の事を相談せられた。ところが徂徠は多くの役人どもが恐れ入って、びりびり震えている将軍の面前で、談論自若として、傍若無人の有様であった。侍臣は、見かねて、あまり声が大きいと咎《とが》めたら、徂徠は、平気な顔で、いかに声が大きくても、朝鮮までは聞えまい、といったそうだ。その豪懐《ごうかい》のほどが想いやられるワイ。

徂徠でも白石でも、彼らが若い時分にはみな、田舎で大根の尾《シッポ》や甘藷《サツマイモ》の蔓《つる》を囓《かじ》って生長したじゃないか。その逆境時代に、苦心して思わず知らず錬上《ねりあ》げた精力が、徂徠でも白石でも結局彼らの一代の事業を成功せしめた血液となったわけであるのだ。

白石はあれでなかなかの大山師で、徂徠のごとき、その識見の人に高き四十七人を殺したなぞ、実に驚くべきだ。

おれも、この故智を襲い、箱館の脱走兵切腹の議を立てたことがあった。当時黒田がこの議を用いず、榎本以下尽《ことごと》く放免されたが、もしおれの議論が用いられたら、榎本は実に今日は大豪傑と世間で賞賛されていたらんに。

王 陽 明　王陽明は、孟子《もうし》以来の大賢だ。致良知《ちりようち》の説や、知行合一《ちこうごういつ》の論が、哲学界に一種の異彩を放ったのは勿論《もちろん》の事として、詩書などの末技《まつぎ》においても、独特の妙があるのみならず、その文章は、唐宋八家以外におのずから一旗幟《きし》を翻《ひるがえ》している。西郷南洲なども、ひどくこの人の学識と徳行とに感服して、平生大いに私淑していたらしい。全体陽明の学風は、簡易直截《ちょくせつ》であるから、わが国民の気風に最もかなうているように思う。

しかし王陽明の事は、おれよりも、君の方が委《くわ》しいから、詳しくは話すまい。

清の太祖　清《しん》の太祖は、千古の偉人だ。あんな傑物は、いずれの世にもあるまいヨ。

李 鴻 章　ある人が、馬関に行きしなだといって、ここにやってきたから、ドーダ李《り》鴻章《こうしょう》は、なかなか喰えない老爺《じい》だ。あれが自《みずか》らやって来るからには何か腹に一物《いちもつ》持ってきたに相違はない。うっかり油断はならぬよと言ったが、その人は笑いながら、麒麟《きりん》も老いては駑馬《どば》に如《し》かず。彼ももはや老耄《ろうぼう》せしならんと言って別れた。ところが、今度帰ってきて、感心して話していたよ。彼が小山六之助に狙撃せられた時も、痛いとも、痒《かゆ》いとも何とも感ぜぬ風で、自国の医者が、ちゃんと付いているにも拘《かかわ》らず、いわば敵国の医者の治療を受けて、少しも疑わなかったところなどは、さすがは李鴻章だ。どこに底があるのやら、その深浅も酌《く》みかねて、大いにその一個の英物たるに感じ、先生の眼光空《むな》しく人を照さざるに感じ入りました、などと言って、たいそう賞めたっけ。

朴泳孝と金玉均　朴泳孝《ぼくえいこう》は、善人だ。いつかおれのところへ来て、某伯が金を千両貸すといわれるけれども、否《いや》だというから、そんならお前は金があるかと問うたら、金はありませんというのヨ。おれも面白い男だと思ったから、どうだ、おれが金をやろうかと言ったら大層悦《よろこ》んで、先生が下さるなら貰《もら》いましょうといったから、月々少しずつくれてやったヨ。人間も生れが大事だ。小国でも、貴族は貴族だけ潔白な心を持っている。あれも自国の外交の事には、よほど気を揉《も》んでいたと見えて、かつて金玉均《きんぎょくきん》と同道して来て種々の問を起すから、おれは、ロシアには依《よ》りなさいといったら、金玉均は、おれの語を誤解したものと見えて、ひどい事を仰せられるといったが、その後は、まるで来なかったヨ。

なに、おれも「依りなさい」といったところで、屈服しろという考えではなく、ただ強大の隣国を敵にしては、不利益だという意味なのサ。

金玉均は才物で、チト切れすぎた。ツマリ智恵に走りすぎて不慮の死を遂げたのサ。ロシアの密探と承知しながらトボケた風で上海までもツレ出されて、乾坤一擲《けんこんいってき》の資金と真相を握ろうとしたのは、胆《きも》もあるよ。

ソコになると朴泳孝は、生まれが貴族だから、上品で正直で、政治家ではないサ。

丁汝昌　丁汝昌《ていじよしよう》は、おれが海外の一知己だ。不幸この訃音《ふいん》に接し、おれは今昔の感に堪えず、こういう詩を作った。しかし平仄《ひようそく》などは、無茶だヨ。

二月十七日、旧知の清国《しんこく》水師提督丁汝昌自殺の報を聞く。我深く君の心中の果決無私なるに感じ、また従容《しようよう》としてその死期を誤らざるを嘉《よみ》し、嗟嘆《さたん》すること数時、蕪詩《ぶし》を作りてその幽魂を慰めん。

憶昨訪我居《おもえばさくわがきよをおとずれ》　一剣表心裏《いつけんこころのうちをあらわす》
委命甚義烈《いめいはなはだぎれつなり》　懦者為君起《だしやもきみがためにたたん》
我将識量大《わがしようしきりようだい》　万卒皆遁死《ばんそつみなしをのがる》
心血濺渤海《しんけつぼつかいにそそぐも》　雙美照青史《そうびせいしをてらさん》

また病気を推《お》して、こんな章をも書きかけた。

廿八年二月十六日、丁汝昌その率うる所の軍艦を以て、降旗我《われ》に降ると。その可否得失を論じて、我が意見を聴く。我黙識するあるを以て答えず。その後、両三日を以て、丁は降る順序を終え、自刃して死すと聞く。我是《これ》を聞て、彼の心裏を思い、歎息数時。憶記す、彼が我邦《わがくに》に来りし時、我家を尋ね話次《わじ》懇々《こんこん》。その後、軍艦に招き、我に対するに軍艦総督の格を以てす。今、その話次の一、二、憶《おもい》に存ずるものを記し、窃《ひそか》に彼の待遇に答う。海外一知己を失いしを歎じ、数章を記す。丁氏は、軀《く》幹《かん》巨大、面皮浅黒く、相見る所、毫《ごう》も威厳なし。かつ挙止活潑、辺幅《へんぷく》を修めず、言調真率、一傖夫《そうふ》に類す。彼云、君を訪問するは、君は海軍を創始し、頗《すこぶ》る艱難《かんなん》を経たりと。我は昔邦民《くにたみ》の動乱せし時、李氏の部下に属し、難危を経たる殆《ほとんど》七ケ年、その登庸を蒙《こうむ》り始めて海軍に入る。その子弟二百名とともに英国に到る。帰り来りて一、二の軍艦に将たり。然《しか》れども海軍の困難なる、得たる所なくしてその任に不堪《たえざる》ものあり。かつ有司はその用を察せず、ややもすれば無用の長物として百事故障を成す。君が昔時の困苦可察《さっすべき》なりと。彼一見旧知の想《おもい》をなし、臆《むね》を開く。その談甚《はなはだ》聞くべく敬すべきものあり。

ここまで書いたところが、胸中の感慨と、病余の衰弱とで、頭痛がし出したものだから、止むを得ずそれなりにした。その続きを口で話そうワイ。

あの時、丁が支那当時の海軍についていうには、

「今日我国の海軍は、いかにも見所がなく、お恥かしき次第だが、拙者はただ将来に期

するところがあって、いささか自ら奮励しているばかりだ。拙者はかつて、李氏の命を受けて、二百名の生徒を連れて英国へ留学し、同国の士官に就いて、少しく海軍のことを学び、帰朝の上、この二百名の生徒とともに、ようよう今日の海軍を創設したけれども、これはただ児戯にすぎない。その事は李氏も承知と見えて、今日の海軍は、何の役にも立たない、ただ今後十年を期して、大成すべきのだが、今日あるのは、その時の基礎とするにも足らないと、常々われわれに言うている。

拙者は、かつて貴著『海軍歴史』を読んで、君が幕末から王政維新の際にかけて、海軍を経営せられたる閲歴と偉勲とを承知し、拙者が今日の境遇にくらべて、うたた同情の感に堪えず、切に敬慕いたしおる」といった。

丁のいうところは、その語は、甚だ謙遜で、その望みは、甚だ遠大であるから、おれも感心して、海外に一知己を得たのを喜び、いろいろおれの考えをも話した。

その後、軍艦に招かれて、提督の礼で待遇せられ、いろいろ丁寧な饗応を受けたが、おれは一片の氷心を表すために、一首の和歌を一口《ひとふり》の宝剣に添えて彼に贈った。そして艦内残る隈なく見物したが、一体の事もなかなか整頓して、日常用いる品などは、一つも外国製のを用いず、支那製ばかり用いていたところなどは、実に感心したヨ。軍服なども、西洋服と支那服とを折衷したのだといって、丁は自分の着けているのを指し示した。

丁に殉死した劉歩蟾《りゅうほせん》のごときも、この時面会したように覚えるが、確か沈黙がちな性質で、小男ながら胆気がありそうだった。

おれと丁との間には、こんな関係があるものだから、今回の戦争始まりし以来、思いは始終北洋艦隊の上に馳《は》せて、敵ながらも、その消息が気にかかった。

またこのたびの聯合《れんごう》艦隊の司令官である伊東中将も、昔神戸でおれの塾にいた縁故から、一生一度ともいうべき晴れの舞台に上ったからは、どうか日本海軍の名誉と、一身の手柄とを立てさせたいとおもって、おれの胸は、あちらを思い、こちらを思い、ほとんど千々に砕けたヨ。

しかるに、威海衛《いかいえい》の海戦は、敵味方ともこの上なき名誉を輝かし、世界の海戦史上に、一《ひ》と花咲かせたるは、おれは実に嬉しかった。かくあってこそ、おれの心配も甲斐《かい》があるというものだ。

丁がこのたびの処置は、実に一点の非難すべきところもなく、海戦上に一個の新事例を数えたといってよい。陸戦のとき、かかる場合に処する例は、これまで幾らもあったけれど、世界に海戦というほどの海戦が昔からなく、したがってかかる場合も少《すくな》いものだから、これに処する方法のごときも、倣《なら》うべき先例がなかった。丁の処置は、実に戦闘力を失った艦長が取るべき模範を示したばかりでなく、蕭条《しょうじょう》たる海戦史の秋の野に、一点の紅花を点じたのだ。

およそ人間が何事にか激した時には、死ぬるのはわけもない事だろう。しかしよくよく事局の前後を達観して、十分に善後の策を立て、しかる後、従容《しょうよう》として死に就くのは、決して容易の事ではあるまい。

丁汝昌の境遇のごときは、部下には数年来苦心養成したところの、他日支那海軍の要素たるべき彼《か》の二百名の秀才があり、傍にはいろいろ面倒な事をいい出す雇《やとい》外人があり、これらの処置をつけねばならぬ。むしろ斃《たお》れるまで奮戦しようかというと、十年素養の二百名を殺さなければならず、それでは降参しようかというと、自分の良心はどうしても許さない。そこで丁は沈思熟考、支那海軍の将来を慮《おもんばか》り、自分の面目をも立て、かつは雇外人への義理から、一身と軍艦とを犠牲にして顧みなかったのだ。その心の中は、実に憫《あわれ》むべきではないか。

大院君　大院君も、とうとう死んでしまったノー。この人については、種々《さまざま》の批評もあるが、とにかく一世の偉人だ。君はかつておれを、東海の英傑だといって、朝廷には誠忠をもって事《つか》え、徳川氏の宗廟《そうびょう》を絶たないように処置した功績は、千載《せんざい》不朽だと賞《ほ》めてくれたが、もとより過賞ではあるけれど、おれは、大院君をもって知己の一人だと思うているのだ。

先年君から二枚の紗《うすぎぬ》に、自ら懸崖《けんがい》の蘭《らん》を画《か》いて、八十老石道人と落款《らっかん》したのを寄贈せられたから、おれも昨年七月頃であったか、返礼にこの詩を贈った。

世事半児戯《せじのなかばはじぎ》　豈堪作盲評《あにもうひようをなすにたえんや》

長白山頭月《ちょうはくさんとうのつき》　独照緑江清《ひとりりょっこうのきよきをてらさん》

明治三十年奉呈

大韓大院君閣下

ところが、その子息の李載冕《りさいべん》と、孫の李竣鎔《りしゅんよう》との二人から、こんな返事が来た。

謹拝啓。暑気方熾、起居健康、奉賀千万。小生一依旧様、是為私幸耳。而高著

曩《サキニ》賜水晶及錦勒、寄送于本国矣。家祖父感喜交戢《コウシュウ》、不知所謝。且家祖父倶呈刺

書常々盥読《カンドクシ》、以破老境之昏惰云。小生聞此不勝喜悦也。且家祖父倶呈刺

紙于閣下。故謹奉上矣。小生今日午前七時二十五分、自新橋抵横浜、乗

土佐丸、而向欧洲矣。将於帰時奉清範。只祝循時享安。

八月二十五日　　　　　　　　　　　　　　　　　　李載冕

海舟老大人閣下　　　　　　　　　　　　　　　　　李竣鎔

手紙の中にある洋行というのも、おれが大院君に忠告したから思い立ったのだヨ。それはとにかく、大院君の死んだのは、朝鮮のために一大不幸である。

竣鎔も、たびたびおれのところへ来たヨ。あまりくどくどしく朝鮮の事をいうから、おれは、朝鮮のような小さい国は、誰も取りはせぬから、安心してロシアに依頼してい

るがよい。日本も、支那も、たよりにはならないといってやった。あれは、よほど疑い深い男だ。とても賢い奴ではないヨ。

孫文と陳白　孫逸仙《そんいつせん》へ逢った事はない。陳白《ちんはく》がよく、連れてきますから一度逢ってやってくれと言うが、忙しいからネ。

陳白は才人で常識の発達した男だ。孫逸仙と日清戦争中広東《カントン》で革命軍を起し、失敗して外国に亡命しているのサ。

康有為と梁啓超　康有為《こうゆうい》と梁啓超《りようけいちよう》は、二人連れでやって来た。あれは宇佐が連れて亡命してきた関係から、いろいろ世話を焼いている。公使の李盛鐸《りせいたく》なども、元は仲間だソーだが、光緒帝《こうちよ》の失敗以来、往来《ゆきき》もしないソーだ。

康も梁もエライ学者だが、政治家ではないよ。日本に倣《なら》って立憲政体を布《し》き、日本の援助によりて支那の改革を謀《はか》ると言ったから、大層怒鳴ってやったよ。

元来《がんらい》支那人でありながら、支那の長所を知らぬという奴があるか。現今の支那はすなわち堯舜《ぎようしゆん》の政治で、日本の立憲政治など真似るというベラボーな事はない。あまり日本の支那豪傑どもから騒がれないで、黙っておいでよ。また外国の力を借りて自国の改革を行うなどとはもってのほかだ。日本にも幕末の頃、ソーいう量見違いの男などおったが、とんでもない事だと言ってやった。ドーも正直で一本調子の学者だよ。

大隈が失敗して山県が出たから、康有為の事をよく頼んで金を出させる事にしておいた。外国でも見せて少し眼界を広くさせるつもりサ。あれは北沢正誠《まさなり》が訳したが、面白くないから楢原陳政《ならはらのぶまさ》に訂正させ、宇佐から届けさしたよ。日本はアナタ方の思ったような善政の国ではない、支那には支那の長所がある、ソレを発達させなさいと言ってやったまでサ。

ホーセ・ラモス　フィリピンのホーセ・ラモスは、大きい人物だ。日本への亡命客中では一番の大物と思うよ。一向豪傑連から騒がれもせず、黙々としてその運命に安んじてやって行くところは感心な男サ。

今はアギナルドからも送金が絶え、横浜で日本人の妻君《さいくん》と共稼《ともかせぎ》をしているソーだ。スペインでもアメリカでも、ソンナ事はドーでもよい。東洋人の聯合《れんごう》で民族の向上を謀りたいと言っている。何分にも小さい弱い国に生れると損なモノサ。

陸奥宗光　陸奥《むつ》はとうとう後藤の後詰《ごづめ》をしたよ。あれは、おれが神戸の塾で育てた腕白者であったのよ。あれがおれの塾へ来た原因は、紀州の殿様から、わが藩には、猪武者のアバレ者が沢山おるから、これをお前の塾で薫陶してはくれまいかとの御沙汰があったから、おれはわざわざ紀州へ行って殿様や家老に面会し、都合二十五名の腕白者を神戸の塾に連れて帰ることになったが、陸奥もこの内におったのだ。

しかし、陸奥はアバレ者というので連れてきたのではない。おれが陸奥をアバレ者の中に加えて連れてきたのは少し違った事情があった。それは、おれが紀州へ下った時に、藩の世話人の伊達五郎というものが、拙者の弟に小次郎――すなわち宗光のことだ――と申す腕白者があるから、これをも一緒に連れて帰ってひとかどの人物に仕上げて下され、と頼んだから、それで二十四名のアバレ者とともに陸奥をも連れてきたのだ。当時小次郎の父は、伊達自得《じとく》という隠居であったが、兄の五郎は、紀州藩でなかなか評判が良かったそうだ。

こういうわけで、小次郎は、おれの塾にはいったが、おれは、小次郎に、塾内では乱暴を働いてはいけないと厳禁しておいたから、あれも塾内ではおとなしかった。あれもこの時分にはまだ十六、七の若衆であったが、身の丈にも似合わぬ腰の物を伊達に差して、いかにも小才らしい風をして、夜などは塾の庭前で同窓の伊東などと角力《すもう》を取って腕をためしていたヨ。伊東というのは海軍軍令部長の伊東祐亨《すけゆき》のことだ。

塾中では、小次郎の評判は、甚だわるかった。みなのものはあれを「嘘つきの小次郎」と言っていた。全体、塾生には、薩州人が多くって、専心に学問をするというよりは、むしろ胆力を錬って、功名を仕遂げるということを重んじていたから、小次郎のような小悧巧な小才子は誰にでも爪弾《つまはじ》きせられていたのだ。

その後、薩摩では、軍艦を買入れ、引続いて紀州でも買入れたについては、おれの塾のものは、みな軍艦乗組を命ぜられたから、おれも塾を閉じたが、それからは一度も小次郎とは遇《あ》わなかった。

維新後は、おれの塾生もたいていそれぞれに出世したが、伊東祐亭でも、堀基《もとい》でも、昔の好《よし》みを忘れないで、時々おれを見舞うてくれるのに、ひとり小次郎の陸奥ばかりは、死ぬるまで大きな顔をして、ちっともおれのところへ来なかったヨ。

陸奥は元来《がんらい》才子だから、なかなか仕事はやる。あれも一世の人豪だ。巳代治《みよじ》などとは初めから比較せられない。しかし陸奥は、人の部下について、その幕僚となるに適した人物で、幕僚に長としてこれを統率するには不適当であった。あの男は、統領もしその人を得たら、十分才を揮《ふる》うけれども、その人を得なければ、不平の親玉になって、眼下に頭領を踏み落す人物だ。あれがもし大久保の下に属したら、十分才を揮い得たであろうヨ。

あれの死んだ時に、おれの詠んだ哀歌はこうだ。

愚《おろか》なる女もたけきもののふもつひにくさむす屍《かばね》なりけり

桐の葉の一葉散りにし夕《ゆうべ》より落《お》つるこの葉の数をますらん

伊藤・井上・山県　今のところで長州出身の人物といったら、まず伊藤、井上、山県だろうよ。おれが長州へ談判に行った時、井上は顔へ膏薬《こうやく》を貼って出てきたが、これは反対党に斬られたのだという事だった。その胆力に至っては、伊藤などはとても及ばない。

方の男サ。

伊藤は騒ぎの当時外国へ逃げて行ったほどの利口者《りこう》さ。山県に至っては、あれは正直一

中尾捨吉　中尾捨吉《すてきち》という男があったが、あれは奇傑だよ。陽明派の学問をして、大塩中斎の人と為《な》りを慕い、平生大いに中斎に私淑しておったが、そうさ、もう二十年になるだろうか、あれがまだ年少気鋭の時には、しばしばおれのところへ議論に来ては困らせた事があったっけ。

その頃あの男は、松田正久や、大井憲太郎や、河野広中《ひろなか》などの連中と一緒に政社を組織して、盛んに時の政府に反対していたが、それらのために一時獄屋へ繋《つな》がれた事もあった。

その後出獄して暫《しばら》くどこかの裁判所長を勤めているということは聞いたが、今はどうしたか知らん。……何、まだ壮健《タッシャ》で、近頃広島で弁護士を始めて、傍ら憲政党のために奔走していると。それは相変らず元気だなあ。しかし元来《がんらい》が廉潔な男だから、今に依然貧乏であろうよ。

伊東巳代治　伊東巳代治《みよじ》は、利口《りこう》者サ。おれは、あの親を知っているが、何でも長崎の乙名《おとな》の組下ぐらいであったよ。その倅《せがれ》にしてはよく出世したものサ。だが、仕方のない事にはまだ幅がない。

利口ばかりでは国は治まらない。信玄が生きている間は、さすがの信長でも黙っていたのに、一朝信玄が死んで勝頼《かつより》の代になると、じきにあの始末サ。しかし勝頼は決して馬鹿ではないよ。それに左右には元老も沢山いたのだけれど、国はヤッぱり亡びたヨ。巳代治もまだまだ政治家にはなれないのサ。

福沢諭吉　福沢がこの頃、痩我慢《やせがまん》の説というのを書いて、おれや榎本など、維新の時の進退について攻撃したのを送ってきたよ。ソコで「批評は人の自由、行蔵《こうぞう》は我に存す」云々の返書を出して、公表されても差支えない事を言ってやったまでサ。福沢は学者だからネ。おれなどの通る道と道が違うよ。つまり「徳川幕府あるを知って日本あるを知らざるの徒《ともがら》は、まさにその如《ごと》くなるべし。唯《ただ》百年の日本を憂うるの士は、まさにかくの如くならざるべからず」サ。

塚本定次　田舎《いなか》にはまだ感心に本気の人がいる。おれの知ってる人にも、この種の人が沢山あるが、江州の塚本定次《さだじ》という男は、実に珍しい人物だ。数万の財産を持っておりながら、自分の身に報ずることは極めて薄く、いつも二子《ふたこ》の羽織と同じ着物でいて、ちょっと見たところでは、ただ田舎の文盲な親父としか思われない。

始終おれのところへいろいろの話を聞きにくるが、このあいだもやって来て、私も近頃図《はか》らず四万円ばかりもうけましたが、せっかくの利得ですから、何とか有益な事に遣《つか》おうと存じますけれど、自分ではどうもよい判断がつきかねますから、わざわざそのご相談に参りました。まず私の考えるところでは、その一半を学校の資本に寄付して、その一半は番頭らに分配してやるつもりです。もともと私の利得は、決して私の力でなく、その実《じつ》、みな番頭や手代らが真実に働いてくれました結果ですから、それぞれその年功の順序多少に従うて、分けてやるが至当だろうと思いますと言ったので、おれもその考えの尋常でないのに感心して賛成してやった。

この男の考えの非凡なることは、決して今日に始まった事ではない。去年の事であったが、例のごとくやって来て、私の所有に荒地が五、六反ござりますので、平生から何か近辺の貧民のためになるようにつかいましょうと存じて、いろいろと考えましたが、この荒地へ桜を植え付けました。全体この辺の貧民らは、春が来ても嵐山の花見にも行けませず、一生営々として苦労するばかりで、ちっとも慰みというものがありませんから、実は彼らの春の楽しみにもと存じまして、桜を植えましたわけですが、今はその桜もよほど大きくなりまして、村中の快楽の場所となりました。一体人間には、こんな無形な快楽というものも、ぜひ何かなくてはなりませんから、そこで、こういう風な考えを起しましたわけで、少しばかりの地所を無代で貸してやるよりは、結局この方がよほどのためになりましょうと存じますと言った。どうだ、なかなか面白い考えつきではないか。

おれのために、芭蕉翁についてよい解釈を与えてくれたのもやはりこの男だ。全体おれは平生から、芭蕉という人はどうしても尋常のものでない、その余徳が深く人間《じんかん》に入っていることは、ただ発句《ほっく》の高妙なるゆえのみではあるまい、きっとほかに何かそのわけがあるだろうと思っていたところが、この塚本という男の言うには、いわゆる近江《おうみ》商人なるものは、実にその芭蕉の教導訓示によりて出来たものだそうな。この事を聞いて、おれは積年の疑団がここに初めて氷解して、大いに釈然とした。

またこの男と、その弟正之《まさゆき》は山林熱心家で、わが県下の山林のためにといって、五万円ばかりを県庁に預けているそうだ。あれが言うには、この五万円がなくなる時分には、山林も大分繁殖して参りましょう。だが、私はとてもそれを見ることはできますまい。しかしながら、天下の公益でさえあったら、たとえ自分が一生のうちに見ることができないといっても、その辺は少しも構いません。私は今から五十年先の仕事をしておくつもりですと言った。なかなか大きな考えではないか。かような人が、今日の世の中に幾人あろうか。

日本人も今少し公共心というものを養成しなければ、東洋の英国などと気取っていたところで、その実はなかなか見ることはできまいよ。

大東義徹　大東義徹《おおひがしぎてつ》という男は、世間で近江《おうみ》西郷などと評判し、また自分でも、そう任じているそうだが、なに体の大きいところだけが西郷に似ているくらいのものさ。世の中は、みな天狗ばかりで困るよ。本尊の西郷などは、決してそういう風に、自ら英雄豪傑を気取るようなけちな人間ではなかったよ。手下の人にこそ、かれこれ小言も言ったが、ほかの人には何事も知らない知らないとばかり言って、大変謙遜な人であったよ。

大東もそれは党人仲間でこそ、相応の人物でもあろうが、しかし西郷とは、とても比べものにはならないよ。

外山正一　外《と》山《やま》正一《まさかず》も学者としてはとにかくやり手だよ。いつぞやあれが文部大臣になった時に、おれのところへやって来て、今度伊藤さんなどから是非やれと言われるから文部大臣になりました、そのためご披露に参りましたと言うから、おれは、それは目出たい、せっかく勉強しておやりなさい。しかしあまり永いこともあるまいから、そのつもりでいるがよいと言った。左様です、私もその覚悟でいますが、しかし任に在る間は、十分やる決心ですと言ったよ。ところが果してほんのわずかな間に、元の僧正坊となってしまったから、最初計画していた百分の一の仕事もできなかっただろうよ。

彼は、幼少の時からなかなか賢いもので、おれは、彼に見所があったから、抜擢して外国へ学問をさせにやったよ。それで、彼はさすがに永く米国にいて、文明流の学問をしただけあって、決して外形を張るような無益なことはしない。あのくらいの地位にいるのに、内《うち》には下女一人に、老僕一人くらいしか使わないで、ごく質素に生活しているそうだよ。それにしてもあんな小僧が、大臣になるようになったのだから、おれも老衰した筈《はず》さ。

青柳のお神　八百松《やおまつ》の婆も非常な遣《や》り手であったが、松源《まつげん》の婆は、彼に比べると、今一層の手腕家であった。

昔は、この種の人間に、よほど傑物があった。青柳《あおやぎ》のお神《かみ》などもやはりその一人だ。もちろん高尚な教育のあろう筈《はず》はないが、実地に世間の甘い辛いを嘗《な》め尽してきただけあって、なかなか面白いところがある。あの婆などが世間に幅をきかせた時分には、おれはあれらの顧問官で、よくその人物を知っているが、彼らが人を鑑識する眼力といい、その交際の工合といい、とても今の政治家などの及ぶところでない。

昔おれが田安家へ往来《ゆきき》していた頃に、青柳は、近所だったから、いつもあそこで昼飯を食った。ところが、十二月の二十九日であった。例の通り昼仕度に行ったところが、若い者どもは揃いの半纏《はんてん》で、女中どもと掃除するやら、餅を運ぶやら、いわゆる越年の準備で、なかなかの景気に見えた。

昼食の給仕には、いつも必ずお神さんか、娘かが出たが、この日は、神さんは多忙であったものだから、娘が出てきて給仕をした。そこで、おれが娘に「家もなかなか景気がよいと見えるな」といったら、その言を娘が帳場へいって伝えたと見えて、しばらくすると神さんが出てきていろいろと挨拶の末、

「殿様、只今《ただいま》娘に宅の様子をお話しがあったそうですが、殿様には、私どもの暮し向き

は、とてもお解《わか》りになりますまい。殿様には、ちょっと景気がよいように見えましょうが、実のところを申せば、只今金といって一文もありません。それがため亭主は、せっかく才覚に出かけているのでございます。けれども大晦日《おおみそか》のことですから、どこへ参っても、到底《とうてい》間に合う気遣いはありますまいと存じます。お見かけのところは、ほんの世間に対する体裁を繕《つくろ》う義理ばかりで、よし金がなくて苦しくても、するだけのことは、致しておかないと、自然と人気が落ちて参りまして、終《しまい》にはお客さんが、ここのものは肴《さかな》までが腐っていると思召《おぼしめ》すようになってしまいます。

全体、人気の呼吸と申しますものは、なかなかむつかしいもので、いかほど心の中では苦しくても、お客様方には勿論《もちろん》、家の内の傭人《やといにん》へでもその奥底を見せるといけなくなります。この苦痛を顔色にも出さず、じっと辛抱しておりますると、世の中は不思議なもので、いつか景気を恢復《かいふく》するものでございます」

と言ったが、その胸にある苦痛を少しも顔色に形《あら》わさず、いかにも平気らしい様子を見て、おれもその時は、ひどく感心した。

全体、外交のかけひきといえば、なかなかむつかしくって、とても尋常の人ではできないように思っている人もあるが、つまりこのお神さんの呼吸のほかに、何もあるものでない。ただ外交ばかりでなく、およそ人間窮達《きゅうたつ》の消息も、つまりこの呼吸の中に存すると思うよ。

おれはお神さんの話に感心したあまり、お前、金が入用ならおれがあげようと言った。

すると神さんは、大変喜んで、どうか成りますことならしばらく拝借を願いたいと言った。そこで、おれは紙入の底を掃《はろ》うて、三十両抛《ほう》り出してやった。そうするとお神さんは、この三十両は、只今《ただいま》の私には確かに、三百両の価値《ねうち》がござりますするといって、頂いて収めた。

その後しばらく経って、また田安家からの帰途に、かの青柳に立寄ったところが、こんどは真実《ホント》に一陽来復で、なかなかの好景気であった。そこで、神さんもいたく前日の礼を述べて、春になりましてから、二、三回も多人数の送別会などが続きまして、景気も大いに恢復《かいふく》いたし、おかげで三、四百両も利益を得ました。これはまことに有難うござりましたといって、前日貸した三十両の金を返した。おれはその金を突き戻して、

「この金をお前に上げる。実は、この間のお前の話で、おれも大変によい学問をした。お前は、なかなか感心な奴だ。ちゃんと胸の中に孫呉《そんご》の奥義《おうぎ》を諳《そら》んじ、人間窮達の大哲理を了解しているのだ。この金は、かような結構な学問をしたその月謝と思うて進上するから、取っておけ」

といって、三十両をくれて帰ったことがあった。どうだ、有益な話だろうがね。

富貴楼のおくら　横浜の富貴楼《ふうきろう》のおくらという女も、なかなかのものだということだ。おれが先年、支那の水師提督丁汝昌《ていじょしょう》に招かれて、横浜に行ったとき、あれの家で飯を食ったことがある。その時は、大臣や大将や、豪《えら》い人がたくさん来ていて、おれは三畳敷

へ押し込められたが、小言もいえず黙っていた。するとおくら奴《め》がやって来た。おれは初めて横浜に来た体《てい》で、初めて来てみたがなかなかの繁昌だなと言ったら、おくら奴、知っていたと見えて、はあ、そうでしょうと冷やかに受けた。なかなか豪いお客様があるなと言ったら、はい、大臣さんなど沢山お出《い》でですと、さも人を丸呑にしている様子に見えた。

おれもこれまでいろいろな人と近付きになったが、新門の辰《たつ》、薬罐《やかん》の八、幇間《ほうかん》の君太夫、八百松の松、松源の婆、こういう連中はおれの一番の友達になった。踊りの師匠の花柳《はなやぎ》なども、その頃知ったのだ。

おれの顔も一時はなかなか売れたもので、ここの料理屋、あすこのお茶屋と始終出入りをした。ある時おれが地獄屋へはいるのを見たものがあるとかで、三条公から忠告を承《う》けたから、おれは平気で、あれは私の昔からの友達ですといったら、三条公はびっくりして、いくら何でも参議の身分でそんなところに出入りするのはいけないといわれたけれど、なあに、向うでは地獄屋をしてるか知らないけれど、おれの目にはただ昔の友達と見えるのだものを。

八百松の松などはえらいものであった。たびたびおれの家へも来たが、いくら高貴な人が大勢いる中でも平気なもので、隣にはどんな人が坐っているか、一向気にも留めぬふりで話をしている。松、あぐらでもおかきというと、へい、御免なさいという風で、上を向いて煙草でも吹かしておったよ。

料理屋について思い出したのは、この頃珍しい人に行き会ったことだ。先日奈良原繁《ならはらしげる》の家へ御馳走に呼ばれて行ったら、湖月《こげつ》の亭主だとかいって、いろいろ立ち働いて周旋するものがある。よくよく見ると、この男は案外にも、昔おれに砲術を習っていた多賀右金次という男だ。そこでおれはいきなり、貴様は右金次ではないかと声をかけたところが、まことに落ちぶれまして面目《めんぼく》もございませんというから、何、貴様よりはおれの方が落ちぶれている。貴様は自分の腕で飯を食っているけれど、おれはようやくお上のおかげで食っている。おれよりも貴様の方がずっとえらい、といってやった。それからいろいろ昔話などしたが、ずいぶん面白いこともあったよ。

囚徒中の人物　ここにおれの感服した人間が三人ある。それはいずれも囚徒で、維新の際におれが放免してやった奴だ。

その一人は、馬丁《ばてい》の家の食客《いそうろう》をしながら強盗をやるので、江戸で大金を盗み溜めて、それをどこかへ隠しておいては上方《かみがた》へ飛んで行き、上方でもまた盗んだ金をどこかへ隠しておき、一年も経った頃に江戸へ帰って前の金を使い、それが尽きた頃には、また盗み溜めて隠しておいて、こんどは上方へ行って先きに隠しておいた金を使う。しかもそのやり方が実にうまいので、表向はちっとも金のない風をして、まめまめしく馬丁の手伝をしている。その大胆と小心とには、おれも感心した。そしてこの男白昼堂々と破獄をして、青い衣服を着たまま、暴れに暴れて上州まで逃げて行ったには、いよいよ驚いた。

今一人は、それも強盗だが、与力《よりき》や何やの訊問に遇《お》うて、たいていの奴は青くなるのに、この男は平気で、一々答弁する。そこで、みなのものは多分冤罪《えんざい》だろうと思っていたら、豈図《あにはか》らんや、弁疏《べんそ》が済んだら、彼奴《きゃつ》上衣を脱ぎ捨てながら、傲然胡坐《あぐら》をかいていうには、さあ縛れ、今から落ち延びても仕方がない。ここで捕えらるるのも運だろう。これから仔細を白状するといって、従容《しょうよう》として罪に服した。

それから、おれは明治になって、どうせ五十や六十の囚徒を斬ったからとて、盗賊の種が尽きるというわけではないと思ったから、みな一思《ひと》いに放免してしまったが、その時多くの囚徒は安房守様のおかげで命を拾うたなどと嬉し泣をしたりするのに、この男ばかりは、おれが放免を言い渡した時に、へーそうですかといったきり、顔色も変えなかった。

また、今一人は、三十歳あまりの女囚だが、おれはその罪状を聞こうと思って、わざわざ人を払って、その女と差向いになって訊問した。ところが、その女は、これまで誰にも話さなかったけれど、安房守様だけには、お話申しましょうと前置をして、さていうには、私の顔の奇麗なのを慕うてか、多くの浮れ男が寄りついて参るので、そのうち、金のありそうな奴には、心を許した風を見せ、◯◯の時に◯◯を捻《ひね》ってこれを殺し、金だけ奪い取って素知らぬ顔をしている。すると、医師が見ても屍体に傷がないから何とも致し方がない。この方法でもって、これまでにちょうど五人殺しましたと白状した。

実に大胆極まるではないか。

すべて、こんな奴は、みな生れつきなので、適宜に教育でもしたなら、それはえらいものになったのであろうに、惜しいことには卑賤の身分に生れ、生涯衣食に追われて十分に腕を伸ばすことができなかったのだ。しかしそれがため国家とか政治とかいう小理《り》窟《くつ》を並べながら、大層な悪事をやらなかったのは、世間のためにはかえって幸だったかも知れないよ。とにかくおれも彼らにはかなわない。

今いった牢払の折に青木弥太郎という奴などは、三千五百両盗んだために石を十枚抱かせられてまだ白状しなかったということを、大層鼻にかけて、おれに、えらいでしょうといったから、おれは、それがえらいどころか、けちんぼめ、どうせ盗賊をするくらいなら、三千や五千の端《はし》た金を盗まないで、なぜ一国の半分だけでも盗まなかったか。それにわずか石十枚で白状しなかったと威張るとは貴様も案外つまらない奴だといったことがある。しかし世間にはこんなけちな奴がずいぶんあるヨ。

時勢は人を造る　時勢は、人を造るものだ。今日いろいろの学問や、智恵のある人たちが、これから種々《さまざま》の困難に出会って、実際にその学問を試したり、その心胆を錬ったりなどすると、将来に起るべき、東洋の大禍乱をも、切り開くだけの人物になれるだろうヨ。

今日は、実に間《あい》の児《こ》の時代だから、万事思う通りにならぬのだ。経験もあり、信用もある人物は年を取らないうちに、はや老朽してしまい、若年の敏腕家は、まだ経験と信用がないという風で、当分はどうも仕方がないヨ。

三、政治経済談

政治家の秘訣　政治家の秘訣は、ほかにはないのだよ。ただ誠心正意の四字しかないよ。道に依《よ》り《り》て起《た》ち、道に依て坐すれば、草莽《そうもう》の野民でも、これに服従しないものはない筈《はず》だよ。

ところで見なさい、伊藤さんの政治はどうだい。わずか四千万や、五千万足らずの人心を収攬することのできないとは、なんと歯痒《はがゆ》いではないか。つまり伊藤さんは、この政治家の秘訣を知らないのだよ。よし知っていても行わないのだから、やはり知らないのも同じことだよ。

人心を慰安する余韻　当世の政治は、何事でも杓子定規の法律万能主義でやろうとする。それは理窟《りくつ》はなかなかつんでもいようが、どうも法律以外、理窟以上に、言うに言われぬ一種の呼吸があって、知らず識《し》らず民心を纏《まと》めるという風な妙味がない。人心を慰安するところの余韻がない。

徳川氏などは、深くこの辺に意を用いたものだ。たとえば、久能《くのう》山だとか、日光だとかいうものを、世の中の人は、ただ単に徳川氏の祖廟《そびょう》とばかり思っているだろうが、あれは決してそうでない。あそこには、ちゃんと信長、秀吉、家康、三人の霊を合祀《ごうし》してあるのだ。一方では天下に厳命を下して、豊国《ほうこく》の廟を毀《こぼ》たしめるかと思えば、他の一方には、またこんなに深く意を用いたところがある。これで織田豊臣の遺臣なども、自然に心を徳川氏に寄せてきたものだ。この辺の深味は、とても当世の政治家には解《わか》らない。

徳川政治の極意　徳川氏の政治の極意は、よく民を親しみ、その実情に適応する政治を布《し》くにあったのだ。そしてその重んずるところは、その人にあるので、法律規則などには、あまり重きを置かなかった。八代将軍に至りて、初めて諸法度の類《たぐい》も出来上ったくらいだが、これとてもすべて北条時代の式目が土台になっている。それは彼《か》の貞永《じょうえい》式目というものは、深く人心に染み込んで、久しく世に行われてきたものだから、新《あら》たに土台から作りかえるよりは、この旧慣による方が、かえって人心を治めやすいという深い慮から出たのだ。なかなか注意したものではないか。

それで、この民を親しむについて、民間の実情を探るためには、よほど骨を折ったものだ。東照宮のごときも、駿府《すんぷ》に隠居せられた後は、ただただじっと城中に引き籠ってでもおられたかと思うと、どうしてどうしてなかなかそうでない。常に駿府近傍の庄屋とか、故老とかいう人々を集めて、囲碁会というものを催し、輪番にその人々の家へ碁を打ちに行かれたそうだ。今に静岡近辺の旧家には東照宮が来て碁を打たれた、という座敷がだんだん存している。

なに、ほんとに道楽で碁を打たれるものか。ただただかかる席上の事とて、互に無遠慮になり、出放題の世間話なども出てきて、果ては賓主《ひんしゅ》相忘れるというような佳境に入ることが、とりも直さず、東照宮の深慮の存するところであったのさ。

将軍微行　三代将軍のごときも、この点には深く意を用いられた。旧御城内に大玄関のほかに、別に一つ小さな玄関があった。何のための玄関かと思って、よく調べてみると、これぞ三代将軍が、市中を微行せられる時分に出入せられた玄関ということだ。大玄関から出入すると、いろいろの面倒があるからこれを避けるために、わざわざこの玄関を作っておいて、いつも近習《きんじゅ》二、三人を具して、そこから出て市内を歩きまわり、民間の景況を視察せられたということだ。

その時分、今の番所々々には壮年血気の番士どもが集まって、撃剣をするやら、相撲《すもう》を取るやら、元気の事ばかりしていたそうだが、将軍には、特にこれが気に入っておられたということだ。

これについては某《なにがし》という重臣だ。今ちょっとその人の名を忘れたが、その人のごときは、ある日将軍の御前へ出て、将軍が市内を微行せられるのはいかにも危険だということを諫言したが、しかし将軍のことだから、毫《ごう》もそれを顧み給わなかった。そこで、その人も致し方なく、そのまま御前を罷《まか》り出《い》でた。

しかるに、その夜将軍は、例の通り近習を従えて、日本橋辺を微行せられ、ここかしこの模様などを打ち眺めつつ歩いておられた。ところが向うから、雲突くばかりの大の男がやって来て、いきなり将軍に突き当った。将軍は、あの通りのきかぬ気のお方であったから、勃然としてすぐにその男に組み付いて、取って投げようとせられた。けれどもその男大変な腕力家で、かえって将軍を放り投げて、一目散に逃げてしまった。翌日になると、かの某は、再び御前に出て、只今《ただいま》ご近習より承りますれば、昨夜もまたご微行なされました趣きですが、何ぞ面白いことでもありましたかとお尋ね申したところが、将軍は、いやまだ世間もなかなか油断ができぬわい。昨夜はかくかくのことでひどい目に遇《あ》ったと件《くだん》の顚末《てんまつ》を話された。しかるところ某は何喰わぬ顔して、それはまことにご危険のことでと言ったままで、御前を罷《まか》り出でた。そこで将軍も、さては彼奴《きゃっ》めが、と思召《おぼしめ》されたけれども、さすがは将軍のことであったからそのままお許しになったそうだ。

どうだ、創業励治の元気が、躍然としてこの話の内から窺《うかが》い見られるではないか。

その後、ようやく治世になるにつれて、徳川氏も次第に文弱の風に感染してきたが、それでも八代将軍の時代には、まだ質樸簡易、創業の元気を認められたような話がある。

将軍の鷹野　ある時八代将軍が、目黒へ鷹野《たかの》に行かれた。しかるにその鷹野の最中に、一人の馬子《まご》が、悠々と馬を引いてその場へやって来た。近習《きんじゅ》の人々は、これを見て、馬子の無礼を怒り、ひどく叱責を加えた。ところが馬子め、平気で、なに篦棒《べらぼう》め、鷹野がなんだいと罵《ののし》りながら行き過ぎようとした。

将軍は、何と思われたか、誰かあの馬子を投げてみよと言われたから、近習の人々二、三人、馬子を中に取り囲んで組みついた。ところが馬子め、すこぶる剛の者で、かえって近習の人々を取って投げて、また悠々として行ってしまった。

将軍は、この有様を見て、莞爾《かんじ》として、馬子でもなかなか侮《あなど》られないよと一言せられたのみで、何のお咎《とが》めもなかったということだ。どうだい面白い話だろう。

善　政　国　日本国中で、古来民政のよく行き届いたところは、まず甲州と、尾州《びしゅう》と、小田原との三ケ所だろうよ。信玄《しんげん》や、信長や、早雲《そううん》の遺徳は未《いま》だこの三ケ所の人民に慕われているらしい。

織田信長　信長という男は、さすがに天下に大望を持っていただけあって、民政の事には、深く意を用いて、租税を軽うし、民力を養い、大いに武を天下に用いるの実力を蓄えたと見える。今日尾州に行って、よく吟味してみなさい。当時の善政良法が、今なお歴々として残っていることを見出すだろう。

武田信玄　信玄が、ただの武将でなかったことは、一たび甲州に行けばすぐに解《わか》る。

見なさい。かの地の人は、今でも信玄を神として信仰しているのだ。これは当時民政がよく行き届いて、人民が心服していた証拠ではないか。

その兵法のごときも、規律あり節制ある当今の西洋流と少しも違わない。近頃まで八王子に、信玄当時の槍法が遺《のこ》っていて、毎年一度その槍法の調練をすることになっていたが、その槍を使うのを見ると、近頃のように、お面お胴という風な、個人的の勝負ではなくって、大勢の人が、一様に槍先を揃えて、えいえいえいと声をかけながら、初めは緩《ゆる》やかに、次第々々に急になり、ようやく敵に近づくと、一斉に槍先を揃えて敵陣に突貫するのだ。ちょっと見たところでは、甚だ迂闊《うかつ》のようだったが、おれは後で西洋の操練を習ったから、初めてこの法のすこぶる実用に叶っていることを知った。

また揃いの赤具足をその将士に着せて、敵の目を奪い、兼《かね》て味方の士気を鼓舞したのなどは、大いに今日の西洋風に叶っているところがある。これが実に信玄の遺法であって、後世井伊家の特色となったものだ。

早雲の余沢　早雲という男も、なかなかの傑物であったに相違ない。赤手空拳でもって関八州を横領し、うまく人心を収攬したのは、なかなかの手腕家だ。

当時関八州は、管領《かんれい》の所領であって、万事京都風で、こむつかしいことばかりであった。ちょうど方今《ほうこん》流行の繁文縟礼であったのだ。そこへ、早雲が来て、この繁文縟礼の弊風を一掃してしまい、また苛税を免じて、民力の休養を計った。つまりこれでうまく治めたのだ。

徳川時代には、小田原付近から、関八州へかけてが、全国中で一番地租の安いところであったが、これは全く早雲の余沢だ。それで、北条氏が亡んだ後に、徳川氏が駿遠参の故土から、この関八州へ転封させられたのだが、もともと租税の安い所であったから、徳川氏の方では、その実、非常の迷惑であったのだ。

太閤という男は、なかなかの狡猾者で、よくこの事情を承知しておりながら、いわゆるその名を与えて、その実《じつ》を奪うの政策に出《い》でたのだ。

しかし、そこはさすがに徳川氏だ。少しも早雲の遺法を頽《くず》さず、従来の為来《しきた》りに従って、これを治めたのである。

治水と堤防　それだから、おれが言わないじゃない。疾《と》うから言っているじゃないか、治水の事はよほどよく気を付けてもらわなければいけませぬぞよと。どうだ、少しばかりの水に狼狽《うろたえ》るようではならないから、言ってあるのだ。お上《かみ》の人は今になって初めて目が醒めたろう。

見なさい。天明《てんめい》の時や、天保《てんぽう》度の大洪水でさえも、何の屁の河童《かっぱ》と幕府は済ましていたものだよ。また済まし込んでおられるじゃないか。ナゼならば幕府が堤防を拵《こさ》ゆる方法と今お上《かみ》で堤防を築き上げる方法とはまるで違うよ。まるで違うからイクラ大洪水でも屁でもないのに、わずか山の放尿くらいに手も足も出ないのであるのだよ。

幕府が河川の堤防を拵ゆるには、その堤防の基脚に注意したものだ。それだから地下を深く五丈も六丈も掘りて、それから力を籠《こ》めてかためてくるのだよ。そうして段々堅く積立ててきていよいよ外に現れて見えるようなところまで来ると、よろしいか、モーただ泥土くらいで積んで、そうしてその上に柳を植えたのだ。それだから、まことに見《み》掛《かけ》は悪いけれども丈夫の事はドンナ大洪水でも安心していられたものだ。よしか、どうだい。

拵え方ばかりではない、まだこのほかに沢山の用意があるんだよ。まず利根川についてちょっと言ってみれば、水際に堤防があるだろう。その堤防のうちへ田畑を拵えて、その次にまたまた大きな最も手堅い堤防を拵えたものだよ。堤防と堤防との間にある田畑は何のためかといえば、これには仔細がある。見なさい。万一にも第一の堤防のうちどこかが決潰した時には、この挟まれた田畑が水勢を分岐して第二の流水となるから、さらに第二の大堤防はドンナ洪水でも平気でおれるわけにしたものだよ。

それだから幕府は、二個の堤防間に挟まれたる田地は、土地の百姓に唯取《ただどり》にて造らせてあったものだ。この百姓らは、もし洪水などで第一の堤防がきれた時には、せっかく丹精して造り立てたる五穀は水のためにメチャメチャにしてやられるから、出水《でみず》の時などは各村が一生懸命になって、昼も夜も寝ずにこれを防いだものだ。その上でどこか一方口の破れた時には、他の方面を受持っている者などが、総掛《そうがかり》になって喰い留めたものだよ。

もしもこれを喰い留めない時は、破れたるところより下層にある田畑は一面に水に浸されるから、サアー大変になる。それだから、みんながここへやって来て、一生懸命になって喰い留めたものだ。それをどうだい、御維新後《ゴイッシン》になってからは、この挟まれた田地へも細かく縄を入れ反別《たんべつ》を量って、一々税金を取るようになった。税金ばかりではないのだよ。堤防を丈夫にするために植えてあったその柳の樹までも、みんな切倒してしまった。実に困り者じゃないか。

待った。治水の法はまだそればかりではない。ほかにイクラも用意がある。たとえば河川上流の両岸には、いろいろな草や木を八重葎《やえむぐら》のようにゴチャゴチャに植え込みて、水勢を一段弱める工夫もしたものだ。

これは利根川ばかりではない。日本国中いずこの川の堤防でもみんなこういう風に力を籠《こ》めて用意してあったものだから、どんな洪水にも枕を高くして沿岸の人民は寝ていられたのだ。今では沢山の入費を遣《つこ》うてさえも、こんなザマが少しの水で繰返されるようでは、困りきってしまうじゃないか。

御維新前はただの素人《しろうと》でさえも、こんな丈夫な堤防を拵えたのに、どうだい、今日ではヤレ何博士で候《そうろう》の、ヤレ何技師で候のという者でなければできないものと思うているじゃないか。その癖コンナ人などが沢山の入費を遣うて拵えた堤防も、なに、少しばかりの出水に堤脚を洗われて、ブクブクとじきに壊れてしまうではないか。

おれは悪口を言うわけではないが、コンナ博士とか技師とかいう先生らはみんな書物を読んだばかりで肩書があるのみ。書物と仕事とはまるで違うものだよ。五年か八年も書物を読めば、誰でも博士や技師ぐらいにはなれるじゃないか。それだから困るというのだよ、どうだ。

昔、美濃《みの》、尾張《おわり》の治水法は、織田信長が上手にやったよ。駿河の安倍川は加藤清正が堤防を拵えた。信長の方も清正の方もいずれも地下を六、七丈も深く掘りて地盤からかためて築き上げた。それだから昔は、どんな洪水でも今のようのザマはしなかったのだよ。古人の用意はどうだい恐れ入ったろう。

まるで普請が違う　それだからおれが言わない事ではない。樹木乱伐の事と堤防築造の事は、お上《かみ》でもよほど注意しなければなりませんぞとイツデモ言うておるのに、災害を眼の前で見なければ平気の平左衛門でいるから困るのだ。おれの言うことは後になるとき っと事実となりて現れてくるが不思議じゃないか。不思議と言えば不思議だが、実は、先があまりに見えすぎるからだよ。

ただ堤防ばかりじゃないよ。丸の内へ入る見附の石垣はどうだい、何と立派なものじゃないか。おれは見掛《みかけ》がよいから、立派だと言うのではないよ。ツマリ見掛のよしあしには頓着はしないのだ。実に幾百年たっても大丈夫だから、立派なものではないかと言うのだよ。

アノ見附の石垣を拵えてからコッチへ、幾百年たったと思うか。マー指を僂《かがな》べてみなさい、ずいぶん旧《ふる》いじゃないか。ドンナ大雨にも、大風にも、大地震にも、アノ石垣は、タッタ一つでも狂うて、動いたことはない。今の人たちの山師仕事とはまるで普請が違うのさ。昔の人は、今の人のように、人目に見えるようなところに頓着しない。その代りに誰にも見えない地底へ、イクラ力を籠《こ》めたか知れないよ。昔と今と違うところは、ここだよ。

東北の津浪　天災とは言いながら、東北の津浪《つなみ》は酷《ひど》いではないか。政府の役人は、どんなことをして手宛《てあて》をしているか。法律でござい、規則でございと、平生やかましく言い立ておる癖に、このような時には口で言うほどに、何事もできないのを、おれは実に歯《は》痒《がゆ》く思うよ。

全体人間は幾ら死んでいるか、生き残りたる者はまた幾らあるか、おれは当局でないから知らないけれども、兎にも角にも怪《け》我《が》人と饑《き》渇《かつ》者とは、随分たくさんあるに相違はない。

このような場合に手温《てぬ》るい寄付金などと言うて、少しばかりの紙ぎれをやったところが、何にもならないよ。昔、徳川時代のやり口と、今の政府のやり口とは、まるで違うよ。今では騒ぎ計《ばか》りいらくって、ぐずぐずしているうちには、死ななくもよい怪《け》我《が》人も死ぬし、饑渇者もみんな死んでしまうよ。ツマリやり口が手温るいからの事だ。何と酷《む》ごたらしいじゃないか。

徳川時代にはチャント手が揃っているから、イザというこのような場合になると、すぐにお代官が被害地に駆けつけて、村々の役人を集め、村番を使うて手宛をするのだ。まず相応な場所を選んで小屋掛けをするのだ。ここで大炊き出しをして、誰れでも空腹で堪《た》まらない者にはドンドン惜気《おしげ》もなく喰わせるのだ。そうすると、このような時には、少しくらい、身体の痛む者も、みんな元気が付《つい》てくるものだよ。

炊き出しの米は、平生やかましく責立てなくとも、チャンと天災時の用意がしてあって、どこへ行きてもお蔵米がかこってある。それだからイザ天災という時でも、苦労をせずに、窮民を救うことができるのだ。

窮民に飯を喰わせなければ、みんなどこかへ逃げて行ってしまうよ。逃げられては困るジャないか。どこまでも住み慣れたる土地にいた者を、その土地より逃がさずにチャンと住まわしておくのが仁政というものだよ。

それから怪我《けが》人は、やはり急場の間に合わせに幾らも大小屋を建て、みんな一緒に入れておくのよ。そうして、村々のお医者はここへ集《つど》って夜の目も眠らずに、急場の療治をするのだ。何でもこのような時は素早いのが勝ちだから、ぐずぐずせずに療治していったものだ。それゆえ、大怪我人も容易には死ななかったよ。

徳川時代は、イクラお医者が開けないと言うても、急場になってマゴマゴするような者はなかったよ。それに、なかなか手ばしっこい事をして療治するから、ドンナ者でも手後《おく》れのために殺すような事はなかったものだよ。

左様の風にやって行くと津浪のために無惨なる者も憂き目を見るような事がなくなってくる。それから、三ケ年も五ケ年も、ツマリ被害の具合次第で納税を年賦にして、ごく寛《ゆる》くしてやるのだ。

一方では怪我人や饑渇者を助け、他方では年貢を寛《ゆる》めるから、被害の窮民は悦《よろこ》んで業につくようになるものだよ。こうなれば、モーしめたもので、安心さ。

人間万事金　今も昔も人間万事金というものがその土台であるから、もしこれが無かった日には、いかなる大政治家が出ても、到底その手腕を施すことはできない。見なさい。いかに仲のよい夫婦でも、金が無くなって、家政が左前になると、犬も喰わない喧嘩をやるではないか。国家の事だって、それに異ることはない。財政が困難になると、議論ばかりやかましくなって、何の仕事もできない。そこへ付け込んで、種々《さまざま》の魔がさすものだ。

外債を拒む　ところでおれもこの財政の事では、これまで心配したの、しないの、という段ではないよ。まーお聴き。

幕府の末年は、何のことはない、まるで今の朝鮮さ。金はない、力は弱い、そして人心は離反している、その隙を見込んで外国の奴らが付け込んでくるという風で、なかにもオロシヤは、前々から銭を貸そう貸そうといって、おれが局に立った時にも、箱館にいた公使が、実にうるさく言ってきた。

もっともこの時おれが局に立っていたのも、決して自分から進んでやったのではない。幕府の内輪は傾いてくる、さあその用意をしなければならないと言って、みなが箱根あたりまで詰めかけていくと、官軍は攻めてくる、官軍がもはや眼の前まで来ていたという騒ぎで、上も下も狼狽してしまった。そんな間際であるから、誰も好んで局に当る人はない。

そこで止《や》むなくおれが出ると、例のオロシヤなどが、一時の間に合せのために、ぜひ金を貸そうから、それで存分戦争をして内国の始末をお付けなさい。その間は、われわれも黙って、箱館で見ていましょうといって、しきりに迫ってくる。おれもその時、戦争はしたし、金はないし、力は弱いし、実に途方に暮れてしまって、この難局を所置するよりは、むしろ打死でもする方がいくら易《やす》いか知れないと思ったくらいであったけれど、しかしながら一時凌《しの》ぎに外国から金を借りるということは、たとえ死んでもやるまいと決心した。

というものは、まあ嫌なのと、不面目なのとは、耐えるにしたところで、借金のために、抵当を外国人に取られるのが、実に堪《たま》らない。よしまたそれをも耐えるとしたところで、借金を返す見込がないから仕方がない。これが一家や、一個人のことなら、どうなっても大したことはないが、なにしろ一国のことだから、もし一歩誤れば、何千万人というものが、子々孫々までも大変なことになってしまうのだ。それでおれが局に立っている間は、手の届く限りはどこまでも借金政略を拒《こば》み通した。

しかし、その後、慶喜様の時になっては、とうとう幕府も往生して、はるばるフランスまで金借りに行くことになった。使者は、あの向山黄村で、随行員は、田辺などの連中であった。

ところがかえってフランス自身が彼《か》のような革命騒ぎになったものだから、他国へ金を貸すどころの話でない。そこで、向山らは仕方がないから、オランダまで回ってはきたが、さてそれから日本へ帰る旅費がない。それは最初向山らは、フランスへ着きさえすれば、金は確かに借《かり》れるものと、あまり大丈夫に当て込んだから、行く時に帰国の旅費を持たなかったのだ。しかし、まあ、やっとのことで、オランダで旅費だけを工面して、ようやく帰ったが、ずいぶんつらかったであろうよ。

そこでご覧よ。朝鮮でも支那でも、今がちょうど我邦《わがくに》幕末の通りに、貧乏で弱り切って、金を外国から借りるという段になったのだが、さあこれからがほんとうに禍《わざわい》が襲ってくるのだ。

今日の日本は、支那や朝鮮とは、もとより少し場合が違うけれど、やはり金にはいよいよ切迫してくる。しかも軍備はどしどしやらなければならないので、ついに外国へまで借銭をするようになったが、おれはこれを三十年も前からちゃんと見ておって、当路の人たちにはかねて注意しておいたよ。

大蔵も今度は、松田の役目だが、彼も初めてのことだからなかなか困難だろう。罷《まか》り違えば、とんだことになるからね。その局に当ったものでなければ、到底その苦心は解らない。

軍備拡張より民力を

軍備拡張のことだが、それはもとよりできることなら、拡張もしなければなるまいが、しかし法外な拡張をしてもらっては人民が困るよ。よく考えてご覧。軍艦がちょっと一哩《マイル》歩くと、もうざっと千両も金がかかるのだからなあ。日本でも人民が裕福になりさえすれば、一外国について二艘くらいはよいが、今のような貧乏の時は、一外国一艘くらいの割合で沢山だよ。軍艦というものは、たとえ運転せずに港へ繋《つな》いでおいても、ただ捨てておくわけにはいかないから、相応に金がかかるよ。それに艦数を増せば、それに乗せる人間も増すし、少しの金ではなかなか間に合いはしないよ。

一個人にしてもその通りだ。紳士紳商とか、学者政治家などと威張って、車を二台も三台も置いてご覧。したがって挽子《ひきこ》も二、三人は雇わなければなるまい。そうすると、とても五十円や、百円の収入では支えることもできまい。そんな仕方のないことを無理にしていると、ついには、その紳士や、学者や、政治家などが、自身で一台の車を引張って歩かなければならないようになる。ちょうどそれと同じだよ。

英国などでもなるべく始末をして、軍艦の多い外国の方へは、よい軍艦を向け、少《すくな》い外国へは、悪い軍艦を向けておくよ。たいていみなそういう風にするのさ。

おれはかつて海軍のことを書いて御上《おかみ》へあげておいたが、これについて面白い譬《たと》え話がある。ついでにお聞き。

昔、天龍川の渡しは、平生ならば、東西の両岸に維《つな》いである四、五艘ずつの渡船で、十分事が足っていたが、もし紀州様のような大諸侯のご通行となると、これだけではとても足らないから、川上川下の船を総上げにして通行せられた。

今の日本だって左様だよ。すわ鎌倉という場合に、国民全体が一生懸命になりさえすれば、平生軍艦の数は少《すくな》いといっても、いかなる強国だって、毫《ごう》も恐れるに足らない。

しかし今一歩進んで、それより一番早いのは、今の開けた世の中だから、紀州様のような大名に、東海道を通らせないような工夫さえすれば、それが一番よいのだ。それをするには、外交の衝《しょう》に当っている人が、素敵な敏腕家であるか、さもなくば、無類飛切《とびきり》の臆病者で居さえすれば、何のこともない話だ。こんど支那との戦争で疲れている日本に、今また急に莫大の金を出させずともよいではないか。

日本金貨のもと　金貨本位の意見……ナーニあれは、おれがかねてから調べて書いたものがあったから、それを見せたのさ。世間では今さらのように騒ぐから、金貨本位とて決して今日に始まった珍しい事でない、チャント昔から日本にあったという来歴を示したのだ。

全体、我国で金貨の始まりは、足利時代だが、その義満という英主と、細川頼之という豪傑と、両人でうまく明《みん》を抱き込んで、表面は日本国王という封冊《ほうさく》を受けておいて、そうして金貨の本手《もとで》を取り込んだのさ。後世義満をかれこれ評する奴らは、畢竟《ひっきょう》、読書眼の紙背に徹せない野暮の骨頂さ。この時分取り込んできた金と、太閤が朝鮮征伐の時取り込んだ金と、この二つがこれまで日本金貨の本《もと》になっていたものだ。

全体、日本の貨幣というものに対して、支那の功があったことは非常なもので、昔から向うの貨幣を吸収して、日本の流通を助けよう助けようといくら骨折ったか知れない。遣唐使を出すやら、唐の坊主を招聘するやら、みなこの間の消息を窺《うかが》うに足るのだ。甚だしきは、一時永楽銭いくらといって、明の永楽銭が武士の家禄や物価の標準となっていたことがあったほどである。この時分は、金貨本位ではなく、永楽銭本位といっても宜《よろ》しいほどだ。

鎌倉などでも常に支那との関係を親密にして、向うの制度文物を輸入することに骨折ったものだ。たとえば実朝《さねとも》が宋船を造らせたということがある。すれば当時向うの船大工までが、日本へ来ていたことが解《わか》る。

それから今でも、地中から金や銀を掘り出すことが沢山あるが、昔はみな金や銀は地中に貯蓄したものだ。これは今日でも支那において見るところの金銭貯蓄法で、昔は経済上のことは、みな支那がお師匠様であったことが解る。

経済はおれの得意だ

徳川の末から、経済のことについては、死ぬるほど苦しい目に遭《あ》ったので、ずいぶん経験を積んで、今ではこればかりはおれの得意だ。しかしおれの経済は大変長くかかるよ。

全体田地《でんち》から上る小作米は、毎年何俵という風に貯蓄しておかなくてはいけないよ。先刻も東北の人が来て、米が高くて困るから外国米の安いのを買って食っているといったが、実に気のきかない話ではないか。瑞穂国《みずほのくに》ともいって、これほどたくさん米のできる国に生れながら、外国米を食うなどとは以《もっ》ての外《ほか》の事だ。

おれが世話している家に、二、三十町ばかり田地を持ってるのがあるが、おれは小作米の中から毎年五十俵ずつ貯蓄させるのだ。それには乾《ほ》しをよくしなければならないから、升目《ますめ》は非常に減るし倉へ入れておく間には鼠も喰うし、ずいぶん面倒臭い上に、ちょっと考えると大層損なようだから、家の人はこんな旧弊な事はよそうというけれども、おれが決して承知しないのだ。すでに田地を持つ以上はまさかの場合には大勢の小作人にだって、ただの五升ずつでも施してやらなければならないからの。

今日紳商などいう奴は、株券とか、公債とか、紙幣とかいって紙切ればかり持って威張っているのだ。昔徳川では、家臣に黄金を二、三千両貯えさせて、これだけはどうしてもつかわせなかったものだ。それを一時黄金の価が馬鹿に騰貴した折に、ある家では売り払ってしまって、札に代えて同じく二、三千両ぐらい貯えておいたことがある。それで大層儲かったなどいって得意がっていたが、実に始末にならない話サ。

山林の処置法　おれは安倍川の先の方に山林を一つ持っているが、それも求めて買入れたわけではなくて、やむなく手に入れたのだ。おれはまだ行って見もしないで、近傍の人にいっさい任せてあるのだが、もう二十何年も経つので、木もずいぶん大きくなったそうだ。すると近傍の人がみな大切にしてくれて、もし濫伐でもするものがあったら、それはひどい目にあわされるということだ。

その傍に小さい家が一軒建ててあるので、おれはこの頃、学校にでも使ってくれと言ってやっておいた。実はこの山林でおれは山の処置法を学んだのだ。

倹約は大嫌い　倹約々々とやかましくいうことは大嫌いだ。幕府の末でも、あまり倹約倹約というものだから、大奥では毎日箒《ほうき》が折れる、茶碗がわれる、蒲団《ふとん》が破れる、それは実に乱暴ばかりして係りの役人に当った。

いつか細工物をなさるというので、役人に切れの注文があったら、役人が寄せ切れか何かを買ってあげたそうな。するとみなが怒って、こんな粗末なものを持ってくるとは人を馬鹿にしている、こんなものが何になるかといって、大騒ぎになった。

そこで役人は真青な顔をしておれのところへ相談に来たから、おれは酷《ひど》く叱って、すぐ呉服屋に紅白の縮緬《ちりめん》を十四ほど持って来させておれが自分にこれを抱えて大奥へ行って、あなた方には実にお気の毒です。小役人というものは仕方がありません。あれは今日かぎり免職に致しますから、どうぞご勘弁なさってこれをお用い下さい。お倉にはまだ何反でもありますから、ご入用の時はいつでもそう仰せて下さい。あなた方のお世話は、今日から私が致しますといった。

ところがみんな顔を見合せて、こんな結構なものはもったいない。またこんなに沢山は入《い》りませぬ。役人を免職にするのもどうかよして下さいと、今度は向うから頼んで出た。それからというものは、乱暴がふっと止《や》んで、大層倹約になったよ。

それでおれはたびたび大奥へ行って、あなた方はなぜそんな吝《けち》な事をなさいますか、私は御馳走が戴《いただ》きとうございますという風におれの方から催促するのだ。

天璋院《てんしょういん》さまもこの頃は一つ飯台で大勢の女中と一緒にお上がんなさっていたが、後にはおれなども同じお部屋で御馳走になることもあった。すると酒でも三升徳利か何かに入れて、ああいう風なところへ置いて、少しずつ出してお飲みになるから、それは何という吝臭いことです、三つ割でもお取寄せなさるがよろしいといって、おれが自分に立って行って誂《あつら》えるのサ。そうすると、お付きのものは、勝さま気が大きい気が大きいといって驚くし、天璋院さまでも、やはり三升徳利の方がうまいと仰せられたそうだ。

それからは、お菓子などでも箱を一々あけて紙に包んで天井へ吊るしておくというような風に、万事倹約主義になって、大奥がむつかしいなどということは決してなくなったよ。

家の仕舞い方　洗足《せんぞく》村の別荘は津田が勧めたから、二百五十両か幾らかで、安かったから言い値のまま買求めて、そのまま元の持主を住ませて留守番をさせてあるのだ。持主はそれで自分の顔も立つし、臨時の収入もあったので、大層喜んで大切に手入れをしてくれるよ。

おれはまだ一度も行っては見ないが、だんだん四方の土地を売り込まれて、今ではずいぶん大きい屋敷になっている筈《はず》だ。門も拵《こしら》えないでおいたら、ある人がいろいろ周旋してくれて、この頃は家もすこぶる立派になって、景色はよし、空気も清潔だということだ。この頃は屋敷へ百合と馬鈴薯《ばれいしょ》を植えさせて、万一の時の用意に、その収穫したのを丁寧に貯蓄させているのだ。

おれの家へ一円二円の金を貰《もら》いに来るものは、昔から今に毎日絶えないが、その来るものはたいてい男だ。女はよほど辛抱づよいと見えて、なかなか来ない。静岡で多くの家の始末を付けてやる折に、おれは、亭主一人ではいけないからといって、いつも細君《さいくん》と二人を召し寄せた。世間の奴は、勝は女好きだなどと笑ったが、しかし細君の前で家の仕舞い方を話しておかないと、容易に行われないのだ。そこになると女というものは実に守りの固いものだからね。

理窟ばかりは貧乏に　子供を教育するには、よほど気を付けんといかん。あまり学問々々といっていると、口ばかり達者になってじきに親爺をやりこめるようになるよ。今の若い連中にはおれはとても叶わない。しかしそういう息子のある家の庫《くら》には遠からず蜘蛛《くも》が巣を張るよ。

　これは一家の事ばかりではない。一国もまたその通りで、人民が理窟《りくつ》ばかりいっていては、おっつけ貧乏してしまうだろう。日本の只今《ただいま》不景気なのも、別に怪しむことはないのだ。

　とにかく、経済の事は経済学者には分らない。それは理窟一方から見るせいだ。世の中はそう理窟通り行くものではない。人気《じんき》というものがあって、何事も勢いだからね。


おれの経済法　世間では不景気だなどと嘆じているが、これは上に立つ人の心がけ一つでずいぶん救済の方法もあるのだ。

　おれが江戸城引渡し後の始末をつけた時は、なかなか今日くらいのことではなかった。いつかも談《はな》した通り、江戸は大坂などとは違って、その繁昌は何も商業が盛んだとか、物産が豊かだとかいうのではなくて、ただ諸大名や旗本が大勢住んでいたからだ。それゆえに幕府が一朝瓦解すれば江戸はたちまち衰微して、百万の人民は明日から喰うものがないという騒ぎだ。

　しかし幸に遷都《せんと》の議も行われて、土地もあまり衰微せず、横浜も開港場になったから、そこへ移って商売を始めるものも出来、どうかこうか餓死は免れたが、しかしその当時はおれもずいぶん困ったよ。

　その中でも殊更《ことさら》に困ったのは、いわゆるならずものの連中で、彼らは窮すれば、どんな事でもやりかねないのだから早く何とかしてやらなくてはいけない。そこでおれはかねてこの社会の親分を調べておいたから自分でそれを尋ねて行って、子分を動かさないように頼み込んだ。然諾を重んずる点においては、さすがにあの社会はえらいもので、よろしい受合いましたといったら、それはもはや大丈夫のものだ。しかし幾らならずものだといっても食わないではおられぬから、それぞれ手当の金は上からくれてやったのだ。それから待合とか、料理屋とか、踊りの師匠とか、三味線の教師とか、一番世間の景気に関係する所へは、またそれぞれ金をくれて、今日に困るということのないようにしてやった。

こういう風にして、とにかく世間を不景気に陥らせないように防いで、さて一方では銘々《めいめい》相当な職業にありつかせるように奔走してやったから、江戸も衰えるどころではない、段々に繁昌してきたのだ。

その骨折というものは、とても一通りの事ではなかった。たとえば貧乏人に金をくれてやるのでも、下手《へた》をするとかえって弊害を増すばかりだから、ちょっと人の気が付かないような風にうまくくれるのだ。その呼吸はなかなかむつかしいが、まあ旗本のお歴々が零落して古道具屋をでも始めていると、夜分などに知らないふりでそれを冷やかしに行って、一品か二品か言い値で高く買ってやるという工合だ。そうすると、この人も自然商売に面白味が出来ていつとなく立派な商人になるのだ。金もこういう風にうまくつかえばよい。

おれの経済法はまあこんな有様だ。おれは経済学も何もやらないけれど、実地経験の上こんな法を発明したのだ。

贋銀引換　政府が財政困難で苦心するのは、当然の事さ。物価が騰貴して、白米は一円で五升より多くはくれず、沢庵《たくあん》一本が五、六銭もする時には、わずか一軒の家を維持するにも、なかなか困難ではないか。しかるを況《いわ》んや一国を治めようというのだものを、困難はもとより覚悟の前でなくてはならぬ。

ちょうど維新の初めであったが、万事改革の際とて、財政のごときも非常の困難を極めた。中にも一番その処置に憂慮したのは、かの旧諸大名が藩政の弥縫《びほう》策として贋銀《にせがね》を発行したのが、海外にも流れ出ておったものだから、この際横浜居留の外国人は、おのおのその公使によって、公然と引換をわが当局者に迫った事だ。

さすが英断明識の大久保内務卿も、その引換金額の多寡が分らないのみならず、当時国庫の準備金も僅少であったから、これには少々当惑して、ついに伊地知《いじち》幸介を立会人として、おれのところへ相談に来た。その時、おれは禅宗坊主の一棒に擬して「みな引換えろ」と一喝した。

ところがさすがは大久保だ。大いに覚るところがあったと見えて、断然引換決行の旨を、各国公使に通知したが、その額は案外にも少なく、わずかに数十万円に過ぎなかったそうだ。畢竟《ひっきょう》、おれはいかに諸大名が贋銀をしても、たいてい高《たか》が知れていると考えたから、みな引換えろといったのサ。

なーに、熟考の上で決行すれば、やれない事は天下にないサ。

古の英雄は経済に苦心　天下の富をもってして、天下の経済に困るという理窟《りくつ》はない筈《はず》だ。古の英雄は、みな経済のために苦心したヨ。織田信長は、経済上の着眼が周密であったから、六雄八将に頭《かしら》となり得たのサ。武田信玄も甲州の砂金をひそかに掘り出して、いろいろの経済制度を立てた。また南朝の正統も、北朝の細川頼之の経済のために倒れた。あの芭蕉のごときも、非常の経済家だったヨ。近江《おうみ》商人は、みな芭蕉の遺法に則《のっと》ってやるのサ。

北条氏の政治　一番感心するのは北条氏の政治だ。元冠が三年続いても、軍事公債は募らず、総理大臣みずから奔走することはなく、九州の探題《たんだい》に防禦《ぼうぎょ》させておいて、それで綽々《しゃくしゃく》として余裕があるのだからノー。

また承久の乱の時には、泰時《やすとき》が単騎西に馳《は》せ向えば、行くこと三日で十万騎が集まったとは、当時の兵站《へいたん》や募兵の事は、羨ましいほど整っていたらしい。

これは平生経済の事に注意していたからの事サ。陪臣《ばいしん》であって九代も続き、しかも国富み、民《たみ》服したのは、もっとも次第だ。北条氏の栄えたのは、つまり倹のためで、その亡びたのは、奢のためだヨ。

北条氏の仏法に帰依《きえ》したのを見て、単に禅に凝《こ》ったと思うのは間違いだヨ。これもその大目的は経済のためサ。

当時宋が亡んで、元が起るときだったから、北条氏は宋の明僧智識を多く招いて五山を開き、盛んに仏法を信じた。そこでかの「電光影裏截二春風一」の無学禅師を初めとして、宋の人民が引きもきらず、続々と日本へやって来るにつれて、銭の輸入は実に驚くほどであった。この事は、宋元通宝の我国に存することが現におびただしいのを見ても分る。つまり仏教を信じたのも、経済に利用するためサ。しかし、利用といっても、真正《ほんとう》の信仰がなくては、宗教の利用はできないヨ。

北条氏の患《うれ》うるところは、ただ天下の子民ということばかりだった。それゆえに、栂尾《とがのお》の明慧《みようえ》が、あるとき、泰時に向って、北条氏が帝室に対する処行につきて忠告した際にも、泰時は、いかにも恐れ多いことだけれども、民百姓のことを思うと、やむなく、かくせざるを得ないと、先父も常々申されたと答えたそうだ。その決心は、実に驚服すべしだ。おれも幕末の時に、果して北条氏の決心に倣《なら》い得るか得ないかと、自ら省みて考えたら、とても自分は倣い得ないと悟ったヨ。

北条氏は、この通り善良なる政治家であったけれども、いずれも無学文盲で、後醍醐《ごだいご》天皇の勅文をさえ読むことができなかった。しかし、実際の手腕は、あの通りサ。おれは学者が役に立たないということを、維新前からよくよく実験したヨ。学者の学問は、容易だけれども、おれらがやる無学の学問は、実にむつかしい。

堺の富　北条時代には、宋元通宝を用い、足利時代には、永楽通宝を用いて、知行《ちぎょう》高《だか》までを永楽銭で算用するほどだった。

黄金の輸入は、足利時代が最も盛んで、泉州堺浦は、当時貿易の中心であった。すなわち天下の富はここにあったのだ。信長が上国の形勢を察するために、京都へ行った時に、径《みち》に道を転じて堺に立寄ったが、これは堺の富に目をつけたからだ。その後、秀吉に至りては、堺の富豪を大坂に移して、その金を大坂城へ収めたが、大坂城に沢山の金があったことは、秀吉が諸将に頒《わか》った賞金の高でも知れる。

家族の力　昔の日本は、家族の力で維持せられていたのだ。それは、歴史を読むとすぐ分るが、国家のために骨を折って戦《いくさ》などした人は、みなこの種族だヨ。あの畠山重忠《しげただ》のごときも、秩父《ちちぶ》の庄司だ。

豪族割拠などいって、恐れるものもあるけれど、決して恐るべきものではない。旧幕の頃にも、おれは豪族保護の議論を提出したことがあったヨ。外国へ対する時などには、なかなか必要な勢力になるものだヨ。今頃でも地方からこんな種類の人が来ると、おれはよく教えて帰すが、しかし、今は真に豪族といわれるほどの人は少ないヨ。まあ東奥の本間ぐらいのものだろうヨ。

四、外交軍事談

外交の秘訣　おれはこれまでずいぶん外交の難局に当ったが、しかし幸い一度も失敗はしなかったヨ。

外交については一つの秘訣があるのだ。心は明鏡止水のごとし、という事は、若い時に習った剣術の極意だが、外交にもこの極意を応用して、少しも誤らなかった。こういう風に応接して、こういう風に切り抜けようなど、あらかじめ見込を立てておくのが、世間の風だけれども、これが一番わるいヨ。

おれなどは、何にも考えたり目論見たりすることはせぬ。ただただいっさいの思慮を捨ててしまって、妄想や雑念が、霊智を曇らすことのないようにしておくばかりだ。すなわちいわゆる明鏡止水のように、心を磨ぎ澄ましておくばかりだ。こうしておくと、機に臨《のぞ》み、変に応じて事に処する方策の浮び出ること、あたかも影の形に従い、響の声に応ずるがごとくなるものだ。

それだから、外交に臨んで、他人の意見を聞くなどは、ただただ迷いの種になるばかりだ。甲の人の説を聞くと、それも暴《あら》いように思われ、また乙の人の説を聞くと、それも暴いように思われ、こういう風になって、ついには自分の定見がなくなってしまう。畢竟《ひっきょう》、自分の意見があればこそ、自分の腕を運用して力があるのに、人の智慧で働こうとすれば、喰い違いのできるのは当り前サ。

外交の極意　外交の極意は、誠心正意にあるのだ。胡麻化しなどをやりかけると、かえって向うから、こちらの弱点を見抜かれるものだヨ。

維新前に岩瀬、川路の諸氏が、米国と条約を結ぶ時などは、五洲の形勢が、諸氏の胸中によくわかっていたというわけではなく、ただ知った事を知ったとして、知らぬ事を知らぬとし、誠心正意でもって、国家のために譲られないことは一歩も譲らず、折れ合うべきことは、なるべく円滑に折れ合うたものだから、米国公使もつまり、その誠意に感じて、後に向うから気の毒になり、相欺《あいあざ》くに忍びないようになったのサ。

日本海軍の制服　維新前のある年に、幕府が海軍制度を定めるついでに、制服をも定めようという議が出た。おれは兵式さえ知らぬうちから、制服などは、まだ不要だとは思ったけれども、おれの上には上役もありて、さなきだにおれを嫌っているところだから、おれも強《し》いて反対せず、ともかくも海軍総裁や軍艦奉行などと共に、その頃来ていた英国のアドミラル・キッペルに、制服のことを相談に行った。

このキッペルは、英国海軍の中でも、なかなかできる男で、顔付きから、談《はな》し工合まで、すこぶるやかましい男だったが、まずわれわれに向って、日本海のことを種々《さまざま》聞き始めた。しかし、こちらには、一人も完全に答えのできるものがなくて、上役の人も、すこぶる窮した様子だったから、おれも見かねて問に応じて進んで答をして、ようやく日本人の顔を立ててやった。

しかし、これがために彼らに軽侮せられて、いよいよ制服のことを談すと、内海のことさえ、知らぬ人の多き貴国の海軍に、制服を定めて何にするかと、一本やられて、制服のことは、一まず廃止になった。

その時におれは、キッペルらの高慢が気に喰わなかったから、一つ敵《かたき》を取ってくれようと思って、突然彼に向い、貴国の武鑑を見るに、アドミラルが八十人もあるが、あれは実際かと尋ねたら、彼は得意になって、実際だと、答えた。そこで、おれは笑いながら、その八十人は、いずれも年功で陞進《しょうしん》せられたご老人たちで、実地に軍艦を指揮し得られるのではあるまい。実地に軍艦を指揮し得られるのは、何人あるかと推《お》しかえして尋ねたら、彼もまさか八十人揃って指揮し得るともいいかねて、いや、その段に至っては、拙者と今一人とあるばかりだと答えた。

厳しく威《おど》しつけられたり、馬鹿にせられたりなどする中に立って、時々力味《りきみ》を見せるのも、なかなか苦しかったヨ。

外国人相手に苦心　この制服のことを初めとして、海軍の事は、何もかも外国人が相手だから、おれもこの頃は、ずいぶん苦心したヨ。

何年だったか、幕府に伊豆の下田と相模《さがみ》の観音崎と、そのほか二ケ所ばかりへ、燈明台を設けようという議があった。幕府は役人を英、米、仏三国の軍艦へ派遣して、この事に関する相談をさせようとしたけれども、役人どもが、饗応の費用を吝《おし》みなどして、三国の軍人をうまく待遇せぬから、彼らも不平で、カプテンは一人も相談に来ない。役人も余儀なく帰ってきたが、また、他の一人を派遣しても同様であった。

そこで、幕府にも協議の上、とうとうおれを出すことになって、夜中に使者を、おれの宿へよこして、この談判を命ぜられた。

おれはすぐに出て行って、まず費用を少しも吝まず、第一等の御馳走を出し、その上に、自分でわざわざ彼らの船へ挨拶に行ったものだから、彼らもすこぶる満足して、早速おれの船へ来て答礼をした。それから、約束通り彼らとおれの船に会して、燈台設置の商議を遂げたが、さて、ここに困ったのは、彼らがその夜、おれの船へ泊るというのに、三人のところへ、上等の寝室が、二つより無かった一条だ。

当時英国のカプテンは、テッピョルドとかいって、年は若いが、セバストホールの戦《いくさ》に功があったから、この身分になったという人だ。米国のはゴルドヅパラといって、六十あまりの老人で、仏国のもこれと同じ年輩の某《なにがし》だった。

さて、前にいった通り上等の寝室は、わずかに二つで、その他は、下士官の寝るべき階下の室《へや》ばかりだから、おれがもしあくまで威厳を保って、上等室に寝るとすれば、三人の中の一人は、ぜひとも下士の室に寝させねばならぬ。米国のと仏国のとは老人で、英国のが、若いからといっても、彼も英国政府から、わざわざ東洋に派遣せられて、とにかくに英国を代表している人だから、他の老人たちと優劣をつけるわけにはいかない。かつは不公平な事でもすると、彼らの感情を害して、この商議が破れるかも知れないものだから、おれも断然決心して、三人の者に向い、拙者は腹蔵なく申上るが、実はこの船の寝室、かくかくの次第なれども、君らのうち一人を下士の室に導くということもできぬにより、主人たる拙者は、下士官室に寝るゆえ、賓客たる君らは、上室二つの中に寝られよといったら、彼らもおれに腹蔵のないのを感心して、そのご心配には及ばぬものをといって、おれの厚意を謝した。

これで燈台に関する商議も済んだが、当時の英国公使パークスも、この始末を聞いて、極めて満足に思ったか、その後は、何事もおれを指名して、談判するようになった。この時分の外交についての苦心は、平生とはずいぶん違ったものサ。

今の外交は　今日外交の方針だとか何とかいって、騒いでいるけれども、全体、何をしとるのか、おれには分らない。飯の上の蠅を逐《お》うような事ばかりやるのに、方針も何もいるものか。

世間の人も人だ。西洋に行って少しばかり洋書が読め、英語で談判でもできれば、早今第一の外交家と仰いでいる。上も下も似たり寄ッたりのものサ。

こういう風では、やはり幕府の末路と同じようになるかも知れないから、しっかりやって貰《もら》いたいものだ。おれなどは、昔からずるい奴だによって、この六畳の室《へや》に寝てばかりいるけれども……。

気を養うのが第一

前にもいった通り、国民が今少し根気強くならなくっては、とても大事業はできないヨ。隣の奥さんをいじめるくらいを、外交の上乗と心得るようでは困るヨ。今少し遠大に、しかして沈着に願いたいものだ。

なに事も根気が本《もと》だ。今の人は牛肉だとか、滋養品だとか騒ぐ癖に、根気はかえって弱いが妙だ。人間の体は、憲法政治ではいけない。睡眠時間が何時間で、働く時間が何時間、食物は朝は何、晩は何と、そう法律ずくめにやられては体も困るワイ。

人間は活物だから、気を養うのが第一サ。気さえ餒《う》えなければ、食物などはなんでも構わないよ。今時の人にはこの辺の工夫が必要だ。

東洋の二字の上で

伊藤さんばかりじゃない、今の廟堂に立つ政治家とかいう人たちは、日本とか、朝鮮とか、支那とか、オロシヤとかいって、これを別々に見て外交のかけひきをするから、やり損ないが多いばかりではない、経綸もまた極めて小さくなるのだ。それだから、百年の長計などといっても、とても駄目だ。かの人たちのする仕事は、十年はおろか、たった一年先のことさえも、見透《みとお》しがつかないではないか。

おれは、国々を別々に見るということはしないで、東洋の二字の上より何事も打算するよ。それだから、今の外交家のする仕事は、おれの目には、まるで小人島の豆人間が仕事をするように見えるのだよ。

英蘭と談判　今の人たちはやれ外交が面倒だとか、これほど困難な仕事はないとかいって、箸《はし》の上げ下げにまで泣面をするが、おれにはいっさいこの人たちの気が知れない。まあ聞きなさい。御一新前にはこういうことがあったよ。

幕府から開陽丸という軍艦を、オランダに注文した時に、榎本や赤松などを、海軍伝習生として、オランダに派遣したよ。ところがちょうどそれが出来上って、いよいよ日本へ回航してくる時分には、この伝習生らも、少しは海軍の様子が解《わか》ってきたものだから、自分で開陽を乗り廻して、日本へ帰ってきた。

さあ、この時のことだが、開陽には、幕府から傭い入れたオランダの海軍士官十三名というものが、日本の海軍御傭《おやとい》教師として便乗してきたのだ。ところが、これが図らずも外交上の一悶着の種となったのだ。それをなぜというに、これより先、イギリスの海軍士官を、日本の御傭教師として、かねて頼んでおいたので、オランダの士官の方が、まだまだ到着しないずっと以前に、早や日本へ来ていたのだ。そこへ重ねて、オランダからもこの度《たび》傭い入れたというのだから、オランダの士官も、イギリスの士官も、双方ながら大怒りに怒ったのさ。

まず、オランダの海軍士官は、こういうことを言って怒り出した。全体われわれは、オランダ国王からの勅命をもって、幕府に傭われて来たものだ。その傭われて来るのにも、無条件ではない。日本の海軍を、われわれオランダ士官の一手で、教育してもらいたいというお申出によって来たものである。それを何ぞや、われわれを差しおいて、イギリスからも教師を頼むなどとは、実に以《もっ》ての外《ほか》の事であると言う。

それからまたイギリスの方で見ると、全体幕府は、われわれイギリス海軍士官に、日本の海軍を一手に教育してくれとあるからして、はるばるこの極東までやって来たものだ。しかるに、今さら無断でオランダの士官を傭い入れ、しかもそれに、海軍教育の全部を一任するなどという約束をするとは、われわれの顔へ泥を塗るものだ。こうなった上は、われわれに対してお結びになった約束は、どうせられるお考えであるかと理窟《りくつ》をいう。

さー大変なことが持ち上ったというもので、幕府の外国奉行たちは、かの三国干渉当時の伊藤さんや、陸奥さんと同じく、大狼狽《うろたえ》に狼狽えて、やれ今日も相談でござる、やれまた明日も相談でござると、毎日々々相談ばかりに日を暮したけれども、どうして始末をつけてよいやら、とんと纏《まと》まりが付かなかった。

そこで、奉行たちから、おれのところへこの始末をつけてくれと頼みにきた。おれは、この時分には、もはや外国語も使っているし、外国人にも幾らか名前が知れているし、外国の事情にも相応には通じていたから、それで是非にお頼み申すと泣きついてきたのだ。

そこで、おれはすぐに、外国奉行などが額《ひたい》を集めての、相談最中の席へ罷《まか》り出て、皆様方において、この度の一件の善後策を、勝にお頼みなさるという御事《おんこと》ならば、私はあらかじめ一応申上げておかなければならないことがございます。それは、別儀ではない。もしこの事件に関するいっさいの全権を私にお任せに相ならば、私は万事お引き請け申して、幕府には少しもご迷惑を相かけないようお取り計らい致しましょうが、しかしながら左様でなくて、ただ一部分のみをお任せになって、談判の進行中に、私を掣肘《せいちゅう》せられるようなことならば、私は真平《まつぴら》御免を蒙《こうむ》りますと、こう申出た。

そうしたところが奉行たちもこの際困り切っている最中だったから、何条異存を申すべき、全権を任せて勝さんにお頼み申しますと言ったから、それではと、おれは直ちに開陽丸へ舟を漕ぎつけて、まずオランダの方から談判に着手した。

オランダ公使にも無論立会わせておいて、さて、おれは、幕府はいろいろの入り組んだ事情がございまして、せっかく皆様が万里の波濤《はとう》を破って、はるばるここまで来て下さいましたけれども、到底今のところでは、この折り重っている事情のために、皆様をお頼み申しておくわけには参りません。その代りに、皆様方の約束の俸酬《ほうしゅう》三年分は、只《ただ》今《いま》一時に差上げますから、一まず帰国して下さいと言い出した。

全体この場合では、とにかく理由がなくって約束を破るのだから、なかなかやかましいのは、初めから覚悟していたのだが、しかし向うもおれの顔に免じて、思ったほどはやかましい理窟《りくつ》も言わずに、とうとうおれの申出の通り承知してくれて、オランダ士官は、一同折りかえして帰国することとなった。そこで、おれは気転を利《き》かして、一同を築地のホテルへ連れてきて、酒肴料《しゅこう》として金を千両くれてやった。そうしたところが、大層おれに礼を言って帰った。

それからまず一方の談判が落着したから、今度は、イギリスの方へ掛合をして、この方はもうわけもなくうまくやり付けたが、この事件を片付けるために、おれはあの時、早馬で三日の間横浜へ通ったよ。

パークスとサトウ この頃のイギリス公使といえば、かの有名なパークスだが、今のサトウなどは、その頃の書記生で、たしか二十四歳ぐらいで、年の若いのに似合わない遣《や》り手であったよ。

この時分にはね、おれを暗殺しようと企てている連中がいくらもあったから、パークスなども「貴下《あなた》はぜひ私の公使館へ来ていて下さらなければ危険だ」と言ってくれた。けれどもおれは、いやしくも天下の難局に当る以上は、暗殺ぐらいの事を恐れては、何事もできるものではない、国事に斃《たお》れるのは、志士の本分だと考えておったから、外国の公使館へ逃げ込むような、そんな卑屈未練の心は、露《つゆ》ほども起さなかった。それだから、サトウには、ご親切はありがたいが、ともかく一国の大事に身を投げ出したからには、命が惜しいようなことでは、何事もできないから、公使館へ逃げ込むようなことはお断り申すと言ったら、サトウが言うには、それならば、いつ、いかなる事変が貴下の身辺に起るかも知れないから、写真を一枚撮っておきなさいといって勧めるから、それもそうかと思って、すなわちその時撮った写真はこれだ。

三国干渉くらいは朝飯前　そこで、話が前に戻るが、そういう風に、当時外交問題といえば、たいていおれが担任しておったから、おれの姓名は外国人には古くから知られている。それだから、多少名のある外客が、日本へ来る時は、たいていその子供らまでも、勝さんのところへ寄ってみようといって、おれを尋ねてくるよ。おれは、日本ではあまり名前が知れないけれども、勝安芳といえば、西洋には、ずいぶん鳴り響いているのだ。今の先生たちが、いくら生意気なことを言っても、それはいけない。

まあ近い話が、あの遼東半島の態《ざま》はどうだ。あんなことは疾《とっ》くに知れておったから、早くからおれはちゃんと注意してやっておいたのに、生意気におれの言うことを聴かないものだから、あの通り知れきった馬鹿な目に遇《あ》うのだ。

外交がむつかしいなどとは、呆《あき》れ返るよ。おれは、これまで外交上の事については、いろいろの目に出会ってみたが、遼東半島の三国干渉くらいのことは、朝飯前の仕事であったよ。おれもこの頃になって、身体がますます丈夫になるのにつけて、世間のことがとかく癪《しゃく》に障《さわ》ってならない。

彼をもって彼を制す　ここにまた、外交家の秘訣に、彼をもって彼を制するということがある。これも文久の昔の話だが、ある時ロシアの軍艦が対馬《つしま》にやって来て、軍艦の修繕がしたいという口実で、その実《じつ》途方もないことをするではないか。海岸を測量したり、地図を拵《こさ》えたり、山道を切り開いたり、畑地を作ったり、粗末ながらもとにかく兵舎様《よう》のものを建てたり、それは実に傍若無人の挙動をしたのだ。

それが初めは、対馬の尾崎浦というところへ投錨したのであったから、土地の役人は、開港場でないところへ軍艦を寄せることを詰問しようと思って、小舟に乗って軍艦の一、二町手前まで漕いで行くと、軍艦からは、三艘の端艇へ水兵を乗せて、この小舟を取り囲んで、水兵は矢庭《やにわ》にこっちの舟に乗り移って、鎧一領と槍九条、そのほか鉄砲脇差などを強奪して、本艦へ持って行ってしまった。

この時、土地の役人は、いよいよ彼らの無法を憤って、軍艦に漕ぎつけて、いろいろ談判に及んだが、彼らは少しも取り合わなかった。そこで仕方がないから、その日はまず無事に引き上げて、翌日またまた談判に行くと、今度は艦内で大層御馳走してからに、紙だの砂糖だの、日本の貨幣などを土産に贈ったが、しかし肝腎《かんじん》の談判の方は、少しも要領を得なかった。

このごとく幾度掛合に行っても、いつも確《しか》とした返事をせずに、ぐずぐず日を送っているそのうちに、南の方の要所々々は、悉皆《しっかい》端艇で測量してしまって、悠々と錨《いかり》を上げて北の方へ去ってしまった。

そうこうするうちに、またほかの露艦がやって来た。この露艦からは、七十名ばかりの水兵を、小舟越というところへ上陸させて、松や杉などの立木を勝手に伐採して、何食わぬ顔で本艦へ運んでしまった。

この体《てい》を見た番船は、不届者めと罵り合って、本艦へ掛合に出かけると、軍艦からは喞筒《ポンプ》を仕掛けて、海水をピュウピュウピュウと雨のように注ぎかけて、さっさとどこへか行ってしまった。まあ途方もない軍艦ではないか。

それからというものは、ロシアの軍艦は、幾回もやって来たが、一番後に来たのなどは、軍艦を修繕するといって、今言った通り粗末ながらも兵舎めいたものを建てて、容易に引き上げる模様がなかったから、それでいよいよやかましい掛合になった。

ところが今度は、向うでも一層図太い覚悟をしてきたものと見えて、私どもは、上海におりまする総督リハチョフの差図《さしず》によって、かくのごとき事を致すものであるから、これについてもしご異存あれば、万事上海の方へお掛合なさるのがよい。私どもの知るところではござらぬと澄まし込んでいて、何ともはや手の着けようがなかった。

その上彼らが言うには、フランスは、今から一ケ年も経てば、地中海の方を掘り抜いて、支那への海路もそれからは自由になるから、自然対馬《つしま》最寄は、しばしば航海することとなって、結局この地を占領するようになるのは、必然の次第でござる。しかしながら我がロシアにおいては、他国の領域を奪い取るなどの事は、誓って致さないのみならず、貴国の御為に、大砲五十挺《ちょう》を対馬へ備え付けて、それを献納いたしたいから、この儀は他国へはいっさい秘密に願いたいなどと言っていた。

さあここだ。対馬は、この時、事実上すでにロシアのために占領せられたも同様であったのだ。つまりこういう場合こそ、外交家の手腕を要するというものだ。

ところでおれは、この場合に処する一策を案じた。それは当時長崎におった英国公使というのは、至極《しごく》おれが懇意にしておった男だから、内密にこの話をして頼み込み、また長崎奉行からも頼み込ました。そうすると公使は、じきに北京駐在英国公使に掛合い、その公使は、また露国公使に掛合って、堂々と露国の不条理を詰責して、わけもなくロシアをしてとうとう対馬を引き払わせてしまったことがあった。

これがいわゆる彼に由《よ》りて彼を制するというものだ。それをもしも当時の勢で、日本が正面から単独でロシアへ談判したものなら、ロシアはなかなかうんとは承知しなかったであろうよ。仮りにその時談判が調《ととの》わずに、対馬が今日ロシアの占領地になっていると思ってご覧。極東の海上権は、とても今のように日本の手で握ることはできないであろう。

つまり外交上の事は、公法学も何もいったものではない。ただただ一片の至誠と、断乎たる決心とをもって、上御《かみ》一人を奉戴して、四千余万の同胞が一致協力してやれば、なあに国際問題などは屁でもないのさ。

天下の安危を一身に　全体おれは幕末から明治の初年へかけて、自分に当局者でもなく、またなるべく避けてはいたけれど、始終外交談判などを手伝わせられた。長州征伐の時にもあまり出過ぎたためにお上《かみ》から叱られ、オロシヤが来た時にもオランダと交渉し、列国が下関を砲撃した時にも長崎で談判を開き、薩長軋轢《あつれき》の時にも中に立ちなどして、長らくの間、天下の安危を一身に引き負うたが、そのうちにはいろいろの人物に接した。そして日本人の間では憎まれ者になったけれども、これでも大院君や、李鴻章《りこうしょう》には、ずいぶん持てるのだ。先般薨去《こうきょ》せられた島津公のごときも、三代以前から懇意である。

おれはこれほどの古物だけれども、しかし今日までにまだ西郷ほどの人物を二人と見たことがない。どうしても西郷は大きい。妙なところで隠れたりなどして、一向その奥行が知れない。厚顔《あつかま》しくも元勲などと済ましている奴とは、とても較《くら》べものにならない。

このついたちに、鹿児島へ南洲の碑が建つについて、徳川公も下向せられるというから、おれは詩を書いて送っておいた。

俯仰七十六《ふぎょうしちじゅうろく》　嘯傲大江東《しょうごうたいこうのひがし》　知否九泉下《しるやいなやきゅうせんのもと》　海内亦濛々《かいだいもまたもうもう》

この知否というのは、後から改めたのだ。

軍備縮小を吹聴するな

軍備縮小という議論が世間にあるようだが、これについてはおれは、明治二十七年に政府へ建白した意見がある。

昔の武士は、一本の刀を買うために、家内中美しい着物を着ないでいたこともあったが、まさかこの筆法で今日の軍備を論ずるわけには行くまいけれど、まあ考えてご覧。欧州列国の軍備は今日殖《ふ》えると思うか減ると思うか。腹の中で無駄だとは思いながら、馬鹿々々しいとは知りながら、公然と軍備を縮小する国はどこにもあるまい。それに近年は彼らの勢いが東洋に向いてきたから、この際、日本の取るべき方針は明らかではないか。たとえ貧乏したからといって、軍備縮小などと吹聴するのは馬鹿げきっている。ここが真に呼吸ものだヨ。

兵庫海軍練習所　兵庫海軍練習所の事は、これまで世間に秘していたけれど、今になっては、もはや公にしてもよかろうから、これを君に見せよう。（とて『海舟秘録』を示さる。中に曰く）

文久の初、攘夷の論甚だ盛《さかん》にして、摂海守備の説、また囂々《ごうごう》たり。予建議して曰く、宜《よろ》しくその規模を大にし、海軍を拡張し、営所を兵庫・対馬《つしま》に設け、その一を朝鮮に置き、終《つい》に支那に及ぼし、三国合縦連衡して西洋諸国に抗すべしと。

朝廷予の建議を賞美し昭徳公また之《これ》を嘉納す。

三年癸亥《きがい》、公《こう》蒸気船に搭じて大坂より播州に至るの海浜を巡視し、兵庫より上陸し、神戸小野浜に到りて、海軍営所建築の地を自身に指画せられたり。その床几《しょうぎ》跡の湮滅《いんめつ》せん事をおそれ、予不文を顧みず、自ら記して一片の碑石を建てたり。その文左の如し。

文久三年歳次癸亥四月二十三日
大君駕二火輪船一、巡二覧摂播海浜一。至二于神戸一、相二其地形一、命二臣義邦一、使レ作二海軍営之基一。夫吾邦方今急務、莫レ急二于海軍一、将下以二此営一為上レ始。英旨振二起士風一、実在二于是一。可レ謂二当時之偉図、而千歳之鴻基一也。顧二大君踞床指画之処一、恐二其久而湮滅一也。臣義邦謹勒二于石一、以貽二永世一云。
元治《げんじ》元年歳次甲子《かっし》冬十月八日
軍艦奉行勝安房守物部義邦撰

おれも月日は忘れてしまったが、何でもおれが大坂にいた時分であった。京都では攘夷論が甚だ盛んで、佐久間も呼び出された頃だ。国防についての議論が種々《さまざま》に分れて、八幡や山崎に台場を築いて防ぐという論もあったそうだが、いよいよ摂海の防禦《ぼうぎょ》が最も必要だということになって、攘夷党の公卿で有名な姉小路公知《あねがこうじきんとも》卿が大坂へ来た。当時攘夷党が勢いを振うた頃とて、何でも姉小路から召されて、その旅館本願寺に行ったら、汝《なれ》の意見を述べよということであったから、おれは大いに論じた。

全体台場を築くには莫大の費用がいるが、その出処はありますか、などと議論した。すると姉小路も初めて種々の事情が分った様子で、すこぶる閉口したヨ。

そこでおれは、まず私の汽船に乗って摂海《せっかい》を巡視なされ、その上で見込を立てられよ、と勧めたところが、姉小路も早速承知して、順動丸に乗って一昼夜間、播磨《はりま》、摂津《せっつ》の海岸を巡視した。おれはまた、到底小さい台場では役に立たないから、むしろ海軍でもって国防の備えをするに如《し》かずといったら、姉小路もいよいよ感服したヨ。

そこで姉小路は、京都へ帰って朝廷へ説きつけたために、朝廷でもおれの意見を容《い》れるようになり、また将軍の方も勿論《もちろん》おれの意見を採用した。この上は、将軍家も一応実地を巡視しておかなくてはいけないということで、おれが案内して巡視があった。こういう始末で兵庫に海軍が出来ることになったのサ。

神戸へ行くともてるのサ　海軍練習所は、今の神戸税関のある所にあった。おれは生田《いくた》の森の方に宅を構えて、沢山の塾生を置き、また少し見込があったから地所をも段々買入れた。今兵庫県庁が建っている辺も、当時おれの所有地だったヨ。

もと神戸は七百石の天領で、路《みち》の両側に百姓家があって、街も一通りになっていたが、庄屋を生島四郎太夫といって、最初おれはその家を旅宿にした。その時生島に、この土地も今はつまらない百姓家ばかりだけれど、早晩必ず繁華の場所になるから、地所などはしっかり買っておけと、いったところが、生島も半信半疑ながらにおれがいった通り地所を買入れておいたら、果して維新後には一坪何十円という高価になって、非常に儲けたそうだ。その後何かで少し損をしたということだけれど、今でもなかなかの財産家だヨ。

おれはなるべくは土地の者を使ってやろうという考えで、百姓などをたくさん用いたから、彼らも大いに喜んで働いたが、中にはそのために財産家になったものもずいぶんあるヨ。明治六年におれが神戸へ行ったら、もとおれの家の門番であった飴売《あめうり》の娘が、立派なお茶屋の主婦になっていたヨ。

こういう風だから、おれも神戸へ行くとなかなかもてるのサ。

この時の将軍は、歳《とし》はまだ若かったが、なかなか聡明のお方で、巡視のことも、練習所のことも、おれが直接に申上げたのだ。

塾生の中には、諸藩の浪人が多くて、薩摩のあばれものも沢山いたが、坂本龍馬がその塾頭であった。当時のあばれもので、今は海軍の軍人になっているものがずいぶんあるヨ。

しかるに、幕府の役人からは、勝は海軍を起し、地所を買入れ、薩州のあばれものや、諸藩の浪人を集めて、そして彼らもまた喜んで勝に服しているというのは何か仔細があるのであろうなどと、ひどく悪《にく》まれて、とうとうしまいには江戸の氷川へ閉門を命ぜられ、地所などもいっさい取揚げられてしまったヨ。おれもあの地所が残っていると、こんなに貧乏でもあるまいにノー、アハハハ。

全体幕府の時に役人を譴責《けんせき》するには、前にも言う通りまず謹慎を命じておいて、次に書類取調べという順序であったが、おれの閉門中に大久保などが書面を贈って、この度はむずかしい取調べがある模様だから役人の前へ出てあまり種々《さまざま》の事はいわないがよかろうと忠告してくれた。

しかるに役人どもも当時世間の騒動のために、おれの方は忘れてしまったと見えて、その後何の沙汰もなかったが、慶応二年の五月頃になって、にわかに老中から召し出された。いずれろくな事ではあるまいと思ったけれども、ともかくも出頭したところが、至急上京せよということなので、おれも少しく意外に感じたが、命令に従うて再び大坂へ出たヨ。

当時の事はこういう次第で、海軍営所も駄目になってしまった。しかしおれも最初から、到底永続はすまい、必ず何か故障が起るであろうとは思っていたけれども、将来のために先鞭《せんべん》をつけておく考えでやりかけたのだ。それゆえ前に見せた碑文を石に刻んで、土中へ埋めておく考えでいたところへ例の譴責を喰ったから、生島にどこへでも埋めておけといいつけたままで江戸へ帰ったが、その後生島は、山手にある自分の別荘の庭へ建てたそうだ。大方《おおかた》今でもそこにあるだろうヨ。

幕府諸藩聯合艦隊　文久三年の十二月に十四代将軍が上洛せられる時は、幕府では例の通り陸路東海道をご通過になるという予定であったけれども、おれは「日本は海国であるから、国防のためには海軍を起さねばならぬ。しかして海軍を起すには将軍などが率先してこれを奨励して下さらなくてはいけない。それゆえこの度のご上洛も、諸藩の軍艦を従えて、海路よりご出発あるがよろしかろう」と、老中などに建議した。

　ところが老中なども、至極《しごく》もっともの事ではあるが、諸藩からおのおのその船を出させるのがなかなか困難だと心配するから、それは私がきっと引受けます。しかしながら一旦私にお任せある以上は、種々《さまざま》些細な事まで貴下《あなた》がたよりお指図があっては困りますといったら、それは承知だからいっさいお前に任せるということになった。

　そこでおれは直《すぐ》に諸藩に命じて、今度は将軍が海路よりご上洛になるから、おのおのその船艦を出してお供をせよと達した。ところが西洋形の船を所有する藩は、みな一艘ずつを出したが、また中には幕府の船を借りて、乗組員だけは、その藩から出してきたものもあった。その時集まった船と船将とはこの表の通りだった。

幕府	翔鶴丸		頭取	肥田浜五郎
	朝陽丸			伴　鉄太郎
	千秋艦			荒井藤次郎
	第一長崎丸	長崎奉行所属	定役	鈴木卓太郎
	播《ばん》龍《りよう》丸		頭取	浜口卓右衛門
越前	黒龍丸			（不　明）
薩摩	安行丸	セーラ鉄船蒸汽三本檣	船将	大山彦介
佐賀	観光丸	幕府より借船	番頭並	浜野源六

加州　発起丸　　　　軍艦奉行　岡田雄次郎
南部　広運丸　　　　　　　　長岡安之助
筑前　大鵬丸　　　　　　　　松本主殿
雲州　八雲丸　　　　奉　行　杉原杢

乗組員はみな、私どもは船のことはまことに未熟であるから、万事指図を頼むというから、よしよしおれが引受けた、心配するには及ばないといって、おれの部下から堪能の者を三人ほどずつ各藩の船に乗込ましたところが、彼らも大いに喜んだヨ。その上彼らは藩から相当な手当をもらっている上に、幕府からも幕船同様に給料を与えたから、ちょうど二重に給料をもらう都合で、ますます喜んだヨ。

将軍が多数の軍艦を率いて上洛するということは、前古未曾有《みぞう》の事で、実に壮観であったヨ。しかし前古未曾有の事であるだけ、おれは責任は重く、かつは諸藩の船もあることだから、おれは始終檣《ほばしら》の上に登って、艦隊の全部を見渡していたが、大坂へ着くまで一週間というものは、ほとんど眠らなかったヨ。

しかしともかく無事に大坂へ着いて、それから将軍は上洛せられたが、ずいぶん骨が折れたとはいえ、これも日本は海軍を盛んにせねばいけないという考えから、幕府や諸藩の海軍を奨励するつもりなのサ。

兵站の記録　兵站部《へいたん》に関することが昔の歴史などに見えないのは、そんな事は書かなくても、分りきっとるからだ。

いつかおれの家で六、七人の米国人に、日本料理を饗応したところが、日本料理というものを初めて喰う米国婦人などは、箸の持ちようから、何を一番に喰ってその次に何を喰うということまで、珍しそうに聞き糺《ただ》し手帳につけて帰ったが、今、日本人にはそんな事をわざわざ記録しておくものもあるまい。兵站部に関する記録のないのはあたかもこれと同じだ。

旧旗本の静岡移住　維新の際、旧旗本の人々を静岡に移したのはおよそ八万人もあったが、政府では十日の間に移してしまえと注文したけれども、それは到底できないから二十日の猶予を願って、汽船二艘でもって運搬した。しかしその困難は非常のもので、一万二千戸よりほかにない静岡へ、一時に八万人も入り込むのだから、おれは自分で農家の間を奔走して、とにかく一まずみなのものに尻を据《す》えさせた。

この時、沼津の山間で家作もずいぶん大きい旧家があったが、そこへ五十人ばかり宿《とま》らせて、おれもともに一泊した。その家の主人は、今ちょっと名を忘れたが、七十あまりの老人で、おれに挨拶していうには、拙者の家は当地での旧家だが、貴人を宿《とめ》させたのはこれで二度目だというから、二度とはいついつだと問うたら、昔本多佐渡守《さどのかみ》様を泊めたのと、今夜勝安房守《あわのかみ》様を泊めるのとだという。

本多佐渡守を泊めたことについては、何か記録でもあるかと尋ねたら、記録はないけれども、口碑に伝わっているという。しからば、その仔細を聞かせよといったら、老人が話すには、それは太閤様小田原征伐の一年前で、明年ここへ十万の兵が来るから、あらかじめ糧米や馬秣《まぐさ》を用意をするために小吏では事の運ばぬを恐れてか、本多様は自分でここへお出《いで》になったのだという。

しからば明年になって糧米馬秣はどうしたかと問うたら、答えるには、十万の兵が来たために米はかえって安くなった。これは去年からみなの人がたくさん貯えておいたからだ。かつまた上様のお仕合《しあわせ》には、沼津の海岸は常に浪《なみ》が荒くって、糧米などを大船から陸揚げすることはむずかしいのに、この当時にはちょうど天気がよくって浪も穏やかであったために、他国からも糧米を容易に輸入することができたからだ。それからというものは、この地方では風波の平穏なのを「上様日和《うえさまびより》」と称すると答えた。古人の意を用いたのはみなこの通りだ。

さて、かの八万人を静岡へ移してから、三、四日経つと沢庵漬はなくなり、四、五日経つと塵紙《ちりがみ》がなくなり、おれも実に狼狽したヨ。

五、時勢歴史談

個人の百年は国家の一年　一個人の百年は、ちょうど国家の一年くらいに当るものだ。それゆえに、個人の短い了見をもって、あまり国家の事を急ぎ立てるのはよくないヨ。徳川幕府でも、もうとても駄目だと諦めてから、まだ十年も続いたではないか。

古今の差なく東西の別なし　時に古今の差なく、国に東西の別はない。観じ来《きた》れば、人間は始終同じ事を繰り返しているばかりだ。

生麦、東禅寺、御殿山。これらの事件は、みな維新前の蛮風だと言うけれども、明治の代になっても、やはり、湖南事件や、馬関騒動や、京城事変があったではないか。今から古《いにしえ》を見るのは、古から今を見るのと少しも変りはないサ。

元勲とかなんとか　この頃元勲とかなんとか、自分でえらがる人たちに、こういう歌を詠《よ》んでやったヨ。

時ぞとて咲きいでそめしかへり咲咲《ざき》くと見しまにはやも散りなん

あれらに分るか知らん。自分で豪傑がるのは、実に見られないヨ。伊藤もまた外国へ出かけたそうな。イツまでも己惚《うぬぼ》りや強いノウ。おれらはもう年が寄った。

たをやめの玉手さしかへ一夜《ひとよ》ねん夢の中なる夢を見んとて

政治家も、理窟《りくつ》ばかり言うようになっては、いけない。徳川家康公は、理窟《りくつ》はいわなかったが、それでも三百年続いたヨ。それに、今の内閣は、わずか三十年の間に幾度代ったやら。

先輩の尻馬　全体、今の大臣などは、維新の風雲に養成せられたなどと、大きな事をいうけれども、実際剣光砲火の下を潜《くぐ》って、死生の間に出入して、心胆を練り上げた人は少《すくな》い。だから、一国の危機に処して惑《まど》わず、外交の難局に当って恐れない、というほどの大人物がないのだ。

ただ先輩の尻馬に乗って、そして先輩も及ばないほどの富貴栄華を極めて、独《ひと》りで天狗になるとは恐れ入った次第だ。先輩が命がけで成就した仕事を譲り受けて、やれ伯爵だとか、侯爵だとかいうような事では、仕方がない。

もすこし大胆に　世間の事は、もすこし大胆にやってもらいたいものだ。政治家とか、何とかいっても、実際骨のあるものは、幾らもありはしない。大きく見積っても六百くらいのものサ。

しかるに、今の大臣などは、この六百人ばかりを相手にわいわい騒いでおるではないか。この弱虫の勝安芳さえ、昔は三百諸侯を相手に、角力《すもう》を取ったこともあるくらいだのにナー。

学問知識は二番め　政治をするには、学問や知識は二番めで、至誠奉公の精神が一番肝腎《かんじん》だ、ということは、しばしば話す通りであるが、旧幕時代でも、田沼という人は、世間ではかれこれいうけれども、やはり人物サ。とにかく政治の方針が一定しておったヨ。

この時分について、面白い話があるが、この頃、聖堂がひどく壊れていたから、林大《だい》学頭《がくのかみ》から修理の事を申し出たが、その書面の中に「文宣公の廟云々《うんぬん》」ということがあった。すると右筆《ゆうひつ》らは集まって、文宣公とは、どんな神様であろうかといろいろ評議をしたけれども、時の智者を集めた右筆仲間で、文宣公を知っているものがなかった。そこで、文宣公とはどこの神だ、と付箋《ふせん》をして書面を返却した。大学頭はすぐに文宣公とは、唐土《もろこし》の仲尼《ちゅうじ》の事だといってやったけれども、それでもまだ分らない。そこで、大学頭もたまらず、仲尼とは、子曰《のたまわ》くの孔夫子の事だといった。それで右筆もようやく合点が行ったということだ。

この話は旧平戸藩で明君と聞えた静山公が、儒者を集めて、種々の話をさせて、それを筆記した『甲子夜話《かっしやわ》』という随筆で見たが、なかなか面白い。全体その時代の真面目は、正史よりも、かえってこんな飾り気のない随筆などで分るものだ。

この話は、実に面白いではないか。右筆といえば、今の秘書官だが、宰相の片腕ともなるべきこの右筆が、孔子の名さえ知らないといえば、その人の学問もたいていは知れる。

これに較《くら》べると、今の秘書官などは、外国の語も二つや三つは読めるし、やれ法律とか、やれ経済とか、何一つとして知らないものはない。しかるに、不思議のことは、孔子の名さえ知らない右筆を使った時の政治より、万能膏の秘書官を使う時の政治が、格別優《まさ》ってもいないという事だ。畢竟《ひっきょう》、これも政治の根本たる至誠奉公という精神の関係だろうヨ。

勇士の忠胆　昔、扇谷《おうぎがやつ》と北条との戦《いくさ》に、扇谷の兵が負けて、武州八王子の城を引きあげて、北の方へ逃げた。その時、扇谷の家来に難波田弾正《なにわだだんじょう》という勇者があったが、北条の兵に追撃せられて、一生懸命に逃げる途中で、馬が斃《たお》れた。弾正は、徒歩《かち》で逃げようとしたところを、北条の兵が、難波田とも呼ばれる勇士が、敵に後ろを見せるとは、見苦しいと呼ばわった。そうすると、難波田は少しも動ぜず声高らかに、

君をおきてあだし心をわれ持たば末の松山浪《なみ》もこえなん

という古歌を詠じた。ところが、追手の兵もさる者だ。この歌を聞いて、われわれは勇士の忠胆を知らなかった。死は易《やす》く、生は難《かた》し。難波田は、我が身の恥を忍んで、主君扇谷の跡を追うのだ。かかる忠臣を追窮するのは、決して武士道でないといって、そのまま見のがしたという話がある。

志士、身をもって国に許すには、ただ一身をもって、国家に奉ずるのほかはない。

区々の議論に構わず　すべて世の中を治めるには、大量寛宏でなくては駄目サ。八方美人主義では、その主義の奏効にばかり気を取られて、国家のために大事業をやることはできない。

戊辰《ぼしん》の事だってそうだ。もしあの時、各藩に紛起した議論を一々気に懸けて、いずれへも当り障《さわ》りのないようにしようとでも思ったなら、とても今日のごとき結果は、見られなかっただろうヨ。

自分に一定の見識がありさえすれば、いかなる事が起ろうとも、一向構うことはない。天下国家をして、正当な針路を進ませようという、大きい割出しがあるなら、区々の議論などは、かまうもんかね。

人情世態を観察せよ　政治は、理窟《りくつ》ばかりで行くものではない。実地について、人情や世態をよくよく観察し、その事情に精通しなければ駄目だ。下手《へた》な政論を聞くよりも、無学文盲の徒《ともがら》を相手に話す方が大いにましだ。文盲な徒の話は、純粋無垢で、しかもその中に人世の一大道理がこもっているヨ。

種々の仲間と交際　おれも維新前には、種々の仲間と交際したヨ。新門の辰《たつ》などは、ずいぶん物の分った男で、金や威光にはびくともせず、ただ意気ずくで交際するのだから、同じ交際するには力があったヨ。

官軍が江戸城へ押し寄せてきた頃には、おれも大いに考えるところがあって、いわゆる破落戸《ならずもの》の糾合に取掛った。それはずいぶん骨が折れたヨ。

毎日役所から下《さが》ると、すぐに四つ手籠に乗って、あの仲間で親分といわれる奴どもを尋ねてまわったが、骨が折れるとはいうものの、なかなか面白かったヨ。

貴様らの顔を見こんで頼むことがある。しかし貴様らは、金の力やお上《かみ》の威光で動く人ではないから、この勝が自分でわざわざやって来たと一言いうと、へー分りました、この顔がご入用なら、いつでも御用に立てますという風で、その胸のさばけているところなどは、実に感心のものだ。

官軍が江戸へはいって、暫時無政府の有様であった時にも、火付けや盗賊が割合に少なかったのは、おれがあらかじめこんな仲間の奴を取り入れておいたからだヨ。

茶屋の女将　茶屋の女将《おかみ》にもたくさん知り合いがあったヨ。この仲間もなかなかわけが分ったもので、人間の相場や人と人との関係などは、ちゃんと飲み込んでしまっているヨ。それゆえ、こちらから頼まなくっても、向うからこちらの腹を見抜いて、いつでもおれが行くとすぐに、こないだは何藩の誰と何藩の誰とが見えて、こんな話やこんな議論がありましたなどと、頼みもしない前から話してくれるところなど、その気転には実に感心するヨ。こんなものには、おれの方から気をきかして、帰る時などは五十両も投《ほう》り出して、これがおれの名刺だ、よく読めるだろうくらいのしゃれをいって帰るのサ。

世間では、茶屋などをば、人間堕落の場所といって擯斥《ひんせき》するけれども、こまかに観察すると、その中にはなかなか面白味があるものだ。畢竟《ひっきょう》、その人の見ようによって、善ともなり悪ともなり、利ともなり害ともなるのだ。そこがまた世の中の面白いところサ。

しかし、今の政治家には、こんな瑣細《ささい》のところまでに注意する人はあるまい。行政学を一冊読んで、天下の機関がうまく廻転すれば、世の中は楽なものだ。御前《ごぜん》とか閣下とかそんな追従《ついしょう》ばかり聞いておらずに、大臣なども少しは飾り気のない巻舌でも聞いてみるが薬だヨ。

尊王心と愛国心　尊王心と愛国心とが一致しないと、尊王の実《じつ》は挙がらないヨ。当世の尊王家たちには、ちと規模を大きくしてもらいたいものだ。陪臣《ばいしん》国命を執《と》れば亡ぶと、聖人はいわれたけれども、北条は、九代も続いたのではないか。そして北条は、天下の執権でも、その頃は、わずかに従四位下で、かく申すおれよりも下ではないか。おれは、従二位勲一等の伯爵様だからノ……。人民を離れて尊王を説くのは、そもそも末だワイ。

才智と勇断　文臣は、才智があっても勇断がなく、武臣は、勇断があっても才智がないのは、実に古今同一の嘆だ。大事に当って、国家の安危と、万民の休戚《きゅうせき》を一身に引き受け、そして断々乎として、事を処理するような大人物は、今の世に何人あるか。当今の時勢、うたたこの嘆を深うするものがある。

百年の国是　国是《こくぜ》とか何とか世間の人はやかましくいうが、口にいうばかりが国是ではない。十年も百年も、確然として動かないところのもので、何人《なんぴと》からも認識せられてこそ、初めて国是ということができるのだ。

方針を定めてどうする　人はよく方針々々というが、方針を定めてどうするのだ。およそ天下の事は、あらかじめ測り知ることのできないものだ。網を張って鳥を待っていても、鳥がその上を飛んだらどうするか。我に四角な箱を造っておいて、天下の物を悉《ことごと》くこれに入れようとしても、天下には円《まる》いものもあり、三角のものもある。円いものや、三角のものを捕えて、四角な箱に入れようというのは、さてさてご苦労千万《せんばん》の事だ。おのれに執一の定見を懐《いだ》き、これをもって天下を律せんとするのは、決して王者の道でない。鳧《かも》の足は短く、鶴の脛《すね》は長いけれども、みなそれぞれ用があるのだ。反対者には、どしどし反対させておくがよい。我が行うところはこれであるなら、彼らもいつか悟る時があるだろう。窮屈逼塞《ひっそく》は、天地の常道ではないヨ。

幕府の軍艦が、箱館へ脱走した時にも、おれは棄てておけば、彼らは軍費に窮して、じきに降参するだろうといったけれど、朝議は聴かないで、これを征討したものだから、あの通りたくさんの生命と費用とを、いたずらに消耗してしまった。

マー世間の方針々々という先生たちを見なさい。事が一たび予定の方針通りに行かないと、周章狼狽して、そのざまは見られたものではないヨ。

改革は弱い者いじめ　行政改革ということは、よく気を付けないと弱い者いじめになるヨ。おれの知ってる小役人の中にも、これまでずいぶんひどい目に遭《あ》ったものもある。

全体、改革ということは、公平でなくてはいけない。そして大きい者から始めて、小さいものを後にするがよいヨ。言い換えれば、改革者が一番に自分を改革するのサ。

松平越中守《えっちゅうのかみ》が、田沼時代の弊政を改革したのも、実践躬行《きゅうこう》をやって、下の者を率いていたから、あの通りうまくできたのサ。

地方自治　地方自治などいうことは、珍しい名目のようだけれど、徳川の地方政治は、実に自治の実を挙げたものだヨ。名主《なぬし》といい、五人組といい、自身番といい、火の番といい、みんな自治制度ではないかノー。

宗教は敬遠　政治家が、とかく宗教に手を出すのは、とんでもない大事を惹《ひ》き起す源だ。水戸の烈公が、幕府の譴責《けんせき》を蒙《こうむ》ったのも、あまり封内の坊主どもをいじめた祟《たた》りだヨ。一方に坊主を還俗《げんぞく》さすれば、一方には金仏を鋳潰《いつぶ》して、大砲をこしらえたから、坊主は京都の宮方に愁訴をし、宮方からは、幕府に迫ったものだによって、幕府もやむなく、驕慢に募《つの》られるという辞柄《じへい》を設けて、譴責を加えたのだ。

従来徳川では、宗教は敬して遠ざける方針をとって、各派の僧侶には、高位高職に相当する位階を与え、また寺にはご朱印地をつけて、いっさい彼らの自治に任せたのだ。治めざるをもって、治めるのが、幕府の宗教に対する政略であった。

官府語　昔、幕府が、種々《さまざま》の規則を出す時には、人民に分りやすい文字を、なるべく用いるようにして、掛《かか》りの人は、始終この事に心がけていた。しかるに、今はその反対で、なるべくむつかしい文字を用いるようになって、なかなか通常の人には分らない。いつであったか、法典発布の前に、ある人がおれに、発布の上は、世論がやかましいだろうといったから、おれは、いや、法典の文字が人民に分らぬから、やかましくいうものは、少《すくな》いだろうといった事があったが、果してその通りだった。そこでおれもむつかしい文字を選《えら》むも、一つの方便だと感じたヨ。

これにつけて思い出すのは、清朝の官府語だ。支那は、元来《がんらい》漢字の本家だから、どんな字でも人民は読むだろうと思われるけれども、この官府語は、一種特別で、小説語でもなく、古文の語でもなく、さすがの支那人も、読めるものが少《すく》いという話だが、日本にもこれからは、次第に官府語が、出来るだろうヨ。

殖民論　近頃は、殖民論が大繁昌の様子だが、古人は黙っていてもその実を行い、今人はやかましくいつでも口ばかりだから困るヨ。

朝鮮征伐の時に、小西行長《ゆきなが》が、日本一の猛将加藤清正《きよまさ》と競争して、少しも後《おく》れを取らなかったのは、全体行長は、堺浦の生薬屋《きぐすり》で、手代がたくさん朝鮮におって、到るところ、形勢は明らかに聞くことができ、またその手代どもが、土人を導いて行長に従わせたからだ。行長も感心な男サ。

海外発展の順序　海外発展という事は、貧乏で小《ちっ》ポケナ島国の日本にとっては最も肝要の事サ。しかしその行く順序がまるで顚倒《てんとう》しているよ。

まず一番鎗が例の女だよ。お次がソレを顧客とする小商人やナラズ者サ。それからその地方が有望という事でもって中商人が行き領事館ができるという始末さ。ソコで外国では日本人という奴は実にヒドイ奴ばかりだとなって到るところ評判が悪く、万事警戒してかかる。これもミンナ若い男どもが意気地がなく睾丸《きんたま》がない奴ばかりだからだ。

ソコになると外国の奴らは実に見上げたもので、まず海外不毛の地には教法師が行って伝道もすれば、医薬慈善の事をやる一方、地方の物産や事情を本国に報告して何々の商売が有利だなどと報告する。今度は資力余りある富豪が出かける、小商人も行く、女も行く、領事館が行くという風である。ソレであるから外国人はみなその地方では評判がよく、たとえゴロつきでも紳士となり、婬売でも貴婦人として待遇されるわけサ。

一体、醜業婦醜業婦と言って軽蔑するが、それを善用すればたいしたものだよ、日本のケチナ外交官などでは利用法も知るまいよ。ツマリ女などはホッておいて構わぬに限るサ。万一事の起った時は、ソンナ奴は日本人ではござらぬと突放していい事サ。

日本の役人どもは馬鹿正直で公私の区別を明らかにせぬから困る。個人としては日本には悪徒も大分いるようだが、国家としてはまるで馬鹿正直サ。

公私の区別

これについて面白い話があるさ。昔時おれが咸臨丸《かんりんまる》でメリケンにいった時の事だが、その時の米人の歓迎というものはたいしたものサ。スルト二、三日して突然裁判所から咸臨丸艦長勝麟太郎として「明何日其方《そのほう》へ相尋《あいたずね》たき義あり出頭すべし」という手紙が来た。

行ってみると塑《でく》のごとく裁判官が上座におって、其方が勝艦長か。実は其方の水兵の者どもが米国の二貴婦人に向ってコンナ品を与えて侮辱をした。ソレでその貴婦人たちは怒って訴えてきた。その証拠品はコレである。早速其方は水兵どもを処罰すべしとの事であった。ソコで俺はびっくりして、一体わが水兵は何をしたかと怪しみながらその証拠品というヤツを一見に及ぶと、驚くなかれ、二冊の春画サ。

ソコでその証拠品を受取り帰ろうとすると、その裁判長め、法服を代え、今度は打って変った態度でさて言うには、唯今は公法の手前甚だ失礼した。今度は個人としての話だが、この画は実に珍しいもので、侮辱された二婦人はもちろん自分なども大層欲しいと思っている。ソコで物は相談だが、侮辱した水兵には金を出すからこの品は譲ってくれまいか、との事である。

こ奴《やつ》メリケンの官憲め、そのくらいの事なら何も大形《おおぎよう》におれを召喚などするまでもないものだと内心甚だ不平であったが、また一面から見れば公私の区別截然《せつぜん》としている事に感心した。

ソレから艦に帰って水兵を調べ上げ、謹慎を命じた上、今度は艦長の名義でもって前の裁判官に向け、「其方どもの願い出の趣《おもむき》聞届候条何日何時日本軍艦に出頭すべし」と手紙をやったが、その夜裁判官の二人がコッソリ出かけてきて、今日の手紙はあまりヒドイ、どうか内分にして渡してくれと泣きを入れたから、そのまま呉れてやったよ。馬鹿々々しい話だが、外国の奴らは公私の区別をキチンとするのは感心だよ。

一消一長は世の常　一消一長は、世の常だから、世間は連戦連勝なんぞと狂喜しおれど、しかし、いつかはまた逆運に出会わなければなるまいから、今からその時の覚悟が大切だヨ。その場合になって、わいわいいっても仕方がないサ。今日の趨勢を察すると、逆運にめぐりあうのもあまり遠くはあるまいヨ。

しかし、今の人はたいてい、先輩が命がけでやった仕事のおかげで、顕要の地位を占めているのだから、一度は大危難の局に当って試験を受けるのが順序だろうヨ。

支那は馬耳東風　戦争でも同じことだ。世間では百戦百勝などと喜んでおれど、支那では何とも感じはしないのだ。そこになると、あの国はなかなかに大きなところがある。支那人は、帝王が代ろうが、敵国が来《きた》り国を取ろうが、ほとんど馬耳東風で、はあ帝王が代ったのか、はあ日本が来て、我国を取ったのか、などいって平気でいる。風の吹いたほども感ぜぬ。感ぜぬも道理だ。一つの帝室が亡んで、他の帝室が代ろうが、誰が来て国を取ろうが、一体の社会は、依然として旧態を存しているのだからノー。国家の一興一亡は、象の身体《からだ》を蚊か虻《あぶ》が刺すくらいにしか感じないのだ。

ともあれ、日本人もあまり戦争に勝ったなどと威張っていると、後で大変な目にあうヨ。剣や鉄砲の戦争には勝っても、経済上の戦争に負けると、国は仕方がなくなるヨ。そして、この経済上の戦争にかけては、日本人は、とても支那人には及ばないだろうと思うと、おれはひそかに心配するヨ。

支那の帝王は差配人　支那人は、一国の帝王を、差配人同様に見ているヨ。地主にさえ損害がなければ、差配人はいくら代っても、少しも構わないのだ。

それだから、開国以来、差配人を代うること十数回。こんな国状だによって、国の戦争をするには、極めて不便な国だ。しかし戦争に負けたのは、ただ差配人ばかりで、地主は依然として少しも変らない、ということを忘れてはいけないヨ。二戦三戦の勝《かち》をもって支那を軽蔑するは、支那を知る者にあらず。

種子は朝鮮から　朝鮮といえば、半亡国だとか、貧弱国だとか軽蔑するけれども、おれは朝鮮もすでに蘇生の時機が来ていると思うのだ。およそ全く死んでしまうと、また蘇生するという、一国の運命に関する生理法が世の中にある。朝鮮もこれまでは、実に死に瀕していたのだから、これからきっと蘇生するだろうヨ。これが朝鮮に対するおれの診断だ。

しかし朝鮮を馬鹿にするのも、ただ近来の事だヨ。昔は、日本文明の種子は、みな朝鮮から輸入したのだからノー。

特に土木事業などは、ことごとく朝鮮人に教わったのだ。いつか山梨県のあるところから、石橋の記を作ってくれ、と頼まれたことがあったが、その由来記の中に「白衣《びゃくえ》の神人来《きた》りて云々」という句があった。白衣で、そして髯《ひげ》があるなら、疑いもなく朝鮮人だろうヨ。この橋のできたのが、すでに数百年前だというから、数百年も前には、朝鮮人も日本人のお師匠様だったのサ。

台湾の総督　台湾の総督は、天空海濶《かいかつ》の大度胸のものでなくては駄目だ。小刀細工では治まらない。いや始終軍服を着け通しだからえらいの、いや角袖になって、茶屋小屋などに登って、役人の出入りを調べるから行届いているの、などいうようでは仕方がないサ。

藩閥の末路　御維新《ゴイツシン》後ことしは、すでに三十年目だから、おれもこの頃はいろいろ感ずることがあるヨ。

挙国一致
侮《あなどり》をふせぐ心はもたずしてかきにせめぐやうから兄弟《はらから》

藩閥の末路
長門人《ながとびと》薩摩隼人《はやと》のこの頃やわが末の世にかはらざりけり

これは近頃詠《よ》んだ歌だ。

アジアの舞台に立つ　世界の大勢《たいせい》につれて、東洋の風雲がいよいよ急になってきたから、われわれ日本人たるものは、深く注意してこれに処する方法を講じなくってはならない。それには少《すく》なくとも、これまでのような偏狭な考えを捨てて、アジアの舞台に立って世界を相手に、国光を輝かし、国益を謀《はか》るだけの覚悟が必要だ。そして、こんな大精神を国民の間に養成するのは、国家教育を盛んにするよりほかに道はないが、その国家教育の基礎は、実に小学教育にあるのだ。

どんぐりの背競べ　伊藤が止《よ》して松方が代っても、松方が引いて伊藤が出ても、格別変った事もないようだが、そうするとみんな橡栗《どんぐり》の背競べと見える。

おれは薩摩の人に遇《あ》うと蛮勇だといってやるが、しかし目の前の事に小刀細工ばかりやっている世の中では、蛮勇の方がむしろ男らしいかも知れないヨ。

三十年前に、おれが長崎でロシアの軍人に交《まじわ》った頃に、その軍人は、軍港も拵《こさ》える、シベリア鉄道も敷く、そして東洋にどしどし手を出すつもりだといっていたが、今では果して着々とその通り実行している。どうもロシアの考えの遠大なのには驚くよ。

それに日本では、支那から取る償金を当《あて》にその日遁《のが》れをやっているとは、実に情けない次第だ。

騒ぎのもとは国幣空乏　世の中はますますつまらなくなって、新聞紙も、政論家も、時勢おくれの空論ばかりして、日を暮している。およそこの空論ほど無益なものは、世の中にまたとない。いくら新聞記者や、国会議員が、毎日がやがやといったところが、軍艦一艘も出来はすまい。出来ないのみならず、国はいよいよ貧乏するばかりだ。そして貧乏すればするほど、空論は盛んになってくる。いや実に困ったものサ。

ほんとうに空論というものは、国が貧乏すればするほど、盛んになるものだよ。今日世間でがやがやいっておるのも、その起りを尋ぬれば、畢竟《ひっきょう》、財政困難ということに過ぎないのだ。

この財政困難という境遇は、おれも幕末において自ら経験したことがあるから、今日の時勢を考えると、ひどく胸にこたえる。それで感慨のあまり、いろいろと古い書類などを調べて、時勢転換の大綱《たいこう》を書いてみた。すなわち『機運遺蹟』だ。

これは、天保弘化《てんぽうこうか》の頃から、明治の今日までおよそ五十年間時勢変遷の大綱を書いたのだが、初めの二十年は、おれが非常に苦心した時代で、その間には、鎖港論と開港論との騒ぎがあり、尊王論と佐幕論との争いがあり、桜田騒動があり、長州征伐があり、ついに維新の大改革に終ったのだが、こんな大騒ぎのもとも畢竟《ひっきょう》、国幣空乏の一事に過ぎなかったのだ。

この時代で、本当に国家問題ともいうべきものは、かの開国の国是《こくぜ》を決定したことだが、これについて世間に説くのは、たいてい間違っているから、おれは当時の書類や、手紙などによって、自分が実際経歴した事を、今いった『機運遺蹟』の細目に書こうと思っているが、あまり寒いので、今は中止している。

開国決定の実力者　あの時、開国の国是を決定するのに力のあったのは、薩摩の斉彬《なりあきら》、土佐の容堂、筑前の黒田、伊予の伊達、まずこれらの諸侯であった。しかし当時は世間の議論がやかましかったから、これらの諸侯も極めてその意見を秘密にして、臣下のものへでも容易に漏らさないので、幕府でも諸侯の意見を確かめるということには、ずいぶん骨を折ったのだ。それで大久保一翁《いちおう》が斉彬公の意見を聞き出したのが一番の手始めであった。

堀田備中《びっちゅう》などもずいぶん骨を折ったが、この備中というのは、実にえらいものだ。どうしても当時第一流であったよ。

人民が喰えなくては　終りの三十年もなかなか面倒な時代で、とうとう憲法もでき、国会も開けて、日清戦争まであったが、これも畢竟《ひっきょう》、財政困難がもとだ。それで朝廷のものも、民間のものも、がやがや議論ばかりして、ちっともその救済策などを考えないから、世はますます困難になるばかりだ。

いくら戦争に勝っても、軍艦ができても、国が貧乏で、人民が喰えなくては仕方がない。やれ朝鮮は弱いの、支那人の頭を叩いたのと言って喜んでいても、国家の生命に関する大問題がそっちのけにせられるようでは、まだ鎖国の根性が抜けないというものだ。しかし只今《ただいま》では、当局者もしきりと骨を折っているから、おれなどは黙っているが相当だろうけれど、おれだって、人の苦んでいるのを見ては、人情にもじっとしていられないから、自分の旧来の閲歴に照し、その時勢の機運に関する節目を叙述し、当局者の参考にもと思い、これだけ書いた。細目は、他日、春暖を待って、おもむろに記述するつもりだ。

岡目八目　憲政党が、伊藤さんに代って、内閣を組織した当時、しきりに、反対して騒ぎまわった連中も、おれは知っているよ。だがずいぶん見透《みとお》しのつかない議論だと思って、おれなどは、ひとりで笑っていたのさ。

御一新の際に、薩摩や、長州や、土州が政権をとったとて、なに二等の腕前で、とてもやり切れるものかと、榎本や、大鳥などは、むきになって怒ったり、冷かしたりした連中だ。ところがどうだ、しばらくすると、自分から始めて薩長の伴食《ばんしょく》になったではないか。何も大勢《たいせい》さ。

しかし今度の内閣も、もはやそろそろ評判が悪くなってきたが、あれでは内輪もめがして、到底永くも続くまいよ。全体、肝腎《かんじん》の御大将たる大隈と板垣との性質がまるで違っている。板垣はあんなお人よしなり、大隈は、ああいう抜目のない人だもの、とても始終仲よくしていられるものか。早晩必ず喧嘩するにきまっているよ。

大隈でも板垣でも、民間にいた頃には、人のやっているのを冷評して、自分が出たらうまくやってのけるなどと思っていたであろうが、さあ引き渡されてみると、存外そうは問屋が卸さないよ。いわゆる岡目八目で、他人の打つ手は批評ができるが、さて自分で打ってみると、なかなか傍《はた》で見ていたようには行けないものさ。

猟官も無理はない　しかし、何にせよ今度の政変は、第二の維新だ。猟官の噂《うわさ》もだんだん聞くが、考えてみれば、これも無理はない話さ。それに御一新の際には、武士がみな家禄を持っていたから、遊んでいても十分喰えたのだ。もっとも脱落の浪士などの間には、不平家も少しはあったが、たいていな人はいわゆる恒《つね》の産《さん》があったから、そんなに騒がなくってもよかったのだ。

西郷などは、もとより例外だが、それはさすがに立派なもので、幕府が倒れた時に、もはや平生の志を遂げたのだから、これから山林にでも引き籠って、悠々自適、風月でも楽しんで、余生を送ろうと言い出したくらいだ。ところが今の政党員は、多くは無職業の徒《ともがら》だから、役人にでもならなければ喰えないのさ。

だからそれは猟官もやるがよいが、しかし中には、何の抱負もない癖に、つまり財政なり外交なり、自分の主張を実行するために、就官を望むのではなくって、何でもよいから月給にありつきさえすればよいという風な猟官連は、それは見っともない。

人材登用法

日外《いつぞや》おれは、松方と樺山《かばやま》とにこういう話をしたことがある。なぜ君らは、どしどし若手の腕利きを官に援《ひ》き上げないか。君たちは、若いものだといえば、たとえいかなる傑物でも、やはりこれを小僧のように思って、いつまでも風下《カザシタ》に置くというのはいけないと言ったことがある。

元来《がんらい》薩州の風として、親方株は、若いものだといえば、その賢愚を問わずに、すべてこれを風下に置いて、一向重く用いないという癖があるのだ。

昔おれは、薩州の国家老や、幅利きの親方株に遇《あ》って、いろいろ国事上の話をしてみたが、勿論《もちろん》その話の中には西郷のことも出た。しかるに、彼らの言うには、えい、あの吉之助めのことでござるか、彼《あれ》はまだ青二才でござると、一言の下《もと》に西郷を振り棄ててしまった。

ところがなかなか、おれは薩州へ下らない前に、かねて西郷と腹を合せて、種々《さまざま》の打合せをしておいて、しかして薩州へ下り、それを実地に行ったのだ。それをも知らずに、薩州の親方株は、あのようなことを言って、一人でえらそうに思っているからおかしいではないか。二束三文に振り落された青二才の吉之助めは、なかなか豪《えら》いよ。西郷が満腹の経綸を蔵《かく》して薩摩の方針を一定したのは、忘れもしないが実にこの際であったのだ。

こういうわけで、平生《へいぜい》小児視している者の中に、存外非常の傑物があるものだから、上に立つ者は、よほど公平な考えをもって、人物に注意していないと、国家のため大変な損をすることがある。

全体薩州から樺山だの松方だのといって、名高い政治家が出ているのは、何の不思議なこともないのだ。薩州はその藩主に斉彬公という明君が出て、その人が非常の英断で、何百年来の門閥を打破して、ごく軽輩なる西郷に、藩政の大権を握らしたのだ。そこで西郷は、鋭意治《ち》を図ろうと思って、役に立ちそうな若手の連中を、それぞれその器《うつわ》に応じて、どしどし役人に引挙げて、権力を与えてやったから、そこで今の樺山も、松方も、その他の豪傑も出てきたのだ。

もしも西郷が因循姑息な人間であって、あんな英断をやることができなかったならば、樺山でも、松方でも、到底今のような顕要な地位を占めることはできずに、あるいは生涯青二才で終ったかも知れない。

樺山も松方も、老西郷に見ならって、勇気があって役に立ちそうなものは、民間からでもよい、官辺からでもよい、どしどしその器に応じて、官を授けてやるがよい。そうして一方からは、重く責任を負わせて、いわゆる御役目大事という風で、若いものをいじめるんだ。もっともただに若いものをいじめるばかりではいけない。自分でも若い者同様、御役目大事と思って、その役目と打死する覚悟になるのだ。そうすれば、政務は立派に挙がって、傍《かたわ》ら各種異様な豪傑が生れてくるよ。

それを、もしも松方や樺山が、薩州の若いものを贔屓《ひいき》目にこの登用法を行ったら、それこそ大失策だ。この私心さえなく公平にさえやったならば、樺山や松方は、国民の受けもよく、意外に大きな手柄を顕《あらわ》そうよ。

アメリカは上の人が怜悧　ここにおかしな話がある。何も時事を諷《ふう》するわけではないが、おれが初めてアメリカへ行って帰朝した時に、御老中から其方《そのほう》は一種の眼光を具《そな》えた人物であるから、定めて異国へ渡りてから、何か眼を付けたことがあろう。詳《つまび》らかに言上《ごんじょう》せよとのことであった。そこでおれは、人間のする事は、古今東西同じもので、アメリカとて別にかわったことはありませんと返答した。ところが、左様であるまい、何か、かわったことがあるだろうといって、再三再四問われるから、おれも、左様、少し眼に付きましたのは、アメリカでは、政府でも民間でも、およそ人の上に立つものは、みなその地位相応に怜悧でございます。この点ばかりは、全く我国と反対のように思いますると言ったら、御老中が目を丸くして、この無礼もの扣《ひか》えおろうと叱ったっけ。ハハハハ。

時勢の変遷　時勢の変遷というものは、実にひどい。三十年前、慶喜公が政権を朝廷へ奉還せらるる時、おれは事理もとよりしかるべきことだと思ったが、しかし周囲の事情は容易にこれを許すまい、たとえば、徳川氏においても、三百年来与《あずか》ってきた天下の政治を、一朝弊履《へいり》を捨てるように打ちやるのも何だか気が済むまい、また臣下の者も黙ってはいまい、とひそかに気を揉《も》んでいた。

　すると将軍はもうすでに奉還してしまったというから、おれは少しく案外に思ったが、まあともかくもあまり大きな騒ぎもなくて事が落着したによって、おれも初めて気を休めた。

しかるに、それからわずかに三十年たった今日では、時勢が全く変遷して、世間の人は慶喜公が東京にござろうが、静岡にござろうが、一向頓着せぬようになった。徳川の世も、末年にこそあの通り騒がしくなったけれど、その前、長い間には誰も朝幕両立せぬなどと論ずる人はなかったヨ。

それもその筈《はず》で、たとえば、おれが安房守《あわのかみ》になるのでも、決して幕府が独断でやるのではなくて、一々京都から差図《さしず》を受けたのだ。すなわち幕府は、どこまでも京都を立てておいたのだ。昔の藤原氏などの専横とは、ほとんど較《くら》べ物にならない。しかるに、この徳川でさえ末年にはあの通りの始末になったが、これはみな時勢の変遷というものだ。薩長でもこの通りで、いくら先輩が手柄があったからといっても、今日は時勢が時勢だもの、いかに末輩の奴らが威張ったって、今さら仕方がないサ。

本領を守れ　薩摩人は仕事ができないヨ。本領を守ってどこまでもやり通すのが肝腎《かんじん》だ。仕事を為《な》さんとするから種々失敗するのだ。

天下の大勢《たいせい》を達観し、事局の大体を明察して、万事その機先を制するのが政治の本体だ。これがすなわち経綸というものだ。この大本さえ定まれば、小策などはどうでもよいのサ。

大西郷のごときは、明治十年にあんな乱暴をやったけれども、今日に至って西郷を怨《うら》むものは天下に一人もあるまい。これは畢竟《ひつきよう》、大西郷の大西郷たる所以《ゆえん》の本領が、明らかに世の人に認められているからだ。

東洋の事は東洋だけで

日清戦争はおれは大反対だったよ。なぜかって、兄弟喧嘩だもの犬も喰わないじゃないか。たとえ日本が勝ってもドーなる。支那はやはりスフィンクスとして外国の奴らが分らぬに限る。支那の実力が分ったら最後、欧米からドシドシ押しかけてくる。ツマリ欧米人が分らないうちに、日本は支那と組んで商業なり工業なり鉄道なりやるに限るよ。

一体、支那五億の民衆は日本にとっては最大の顧客サ。また支那は昔時から日本の師ではないか。それで東洋の事は東洋だけでやるに限るよ。

おれなどは維新前から日清韓三国合縦《がつしよう》の策を主唱して、支那朝鮮の海軍は日本で引受くる事を計画したものサ。今日になって兄弟喧嘩をして、支那の内輪をサラケ出して、欧米の乗ずるところとなるくらいのものサ。

日清戦争の時、コウいう詩を作った。

隣国交兵日《りんごくへいをまじうるのひ》　其軍更無名《そのいくささらにななし》
可憐鶏林肉《あわれむべしけいりんのにく》　割以与魯英《さきてもってろえいにあとう》

黄村などは、「其軍更無名」とはあまりにひどい、すでに勅語も出ていますことだからと言って大層忠告した。それでも、これは別の事だと言って人にも見せた。○○サンにも書いてあげた筈《はず》だ。

支那を懲らすのは不利益

支那を懲《こ》らすのは、日本のために不利益であった、という事を世間の人はいま悟ったのか。それは最初から分っていた事だ。戦争の時分に、おれはすでにこういっておいた。

昨傷魯太子《さくにはろのたいしをきずつけ》　今撃清大使《いましんのたいしをうつ》
狂浪恣徘徊《きょうろうはいかいをほしいままにし》　歎息招国耻《こくちをまねかんをたんそくす》
隣邦牽悪感《りんぽうあつかんをひくは》　豈唯頑強訾《あにただがんきょうのそしり》
順運漸向逆《じゅんうんようやくぎゃくにむかわば》　忽漫殊誤是《こつまんことにぜをあやまらん》
春風積雪融《しゅんぷうにせきせつとくれば》　陽和軍機弛《ひやわらぎぐんきゆるまん》
疾病生兵営《しっぺいへいえいにしょうじ》　恐到大事已《おそらくはだいじにいたりてやまん》
廟謨誰所劃《びょうぼたれのかくするところぞ》　切希能終始《しきりにしゅうしをよくせんことをこいねがう》

ちょうどこの通りになってきたではないか。

おれが知りもせぬ事を　客臘《かくろう》は病もやや快《ヨ》かりしに、日清事件とやら何とかおれが知りもせぬ事どもを聞きにくる奴輩《やつばら》のあるに腹がたちて重くなれり。二、三日前も強く逆上して中気になるかと思いしにならなかった。なればよいのだ。おれは死ぬ事なんかなんでもない。

おれは国を愛する眼中には官吏も大臣もない。先日も戦争の始末を聞きにきた者がある。聞けば近頃は日々百人も死ぬそうだ。罪なき者を殺して、知りもせぬ後の始末を人にきく。それだから腹も立つのだ。今より月余もたたば種々の苦情も始まるべし。軍気も沮喪すべし。その時こそ国人の大いに気を励ますべき時だ。

支那もすぐに降服すべしと思いたらんが、案外長く抗抵《こうてい》する。わが国の軍事にもあるいは不完のところあるにや。商人にも軍糧の運送などに従事して、不理の利を貪るものもあるそうだ。朝鮮も後には追々苦情を中立て我《われ》に背くに至らん。今はただ官吏の圧制に恐れて黙っているのだ。自分ばかり正しい、強いと言うのは、日本のみだ。世界はそう言わぬ。

もとの杢阿弥さ　講和談判の時かエ。あの時はおれの塾にいた陸奥宗光が外務大臣として衝に当っておった関係もあり、かたがた当局へ一書を呈して注意もしたわけサ。おれの意見は日本は朝鮮の独立保護のために戦ったのだから土地は寸尺も取るべからず。その代り沢山に償金をとる事が肝要だ。もっともその償金の使途は支那の鉄道を敷設するに限る。ツマリ支那から取った償金で支那の交通の便をはかってやる。支那は必ず喜んでこれに応ずるサ。

今日にしてこの敷設をなさざれば他日一哩《マイル》の鉄道を布《し》く事も必ず欧米の干渉を受くる事となるよ。また何億という償金が日本に来た時は、軽薄な日本人の事、必ずや有頂天になっていたずらに奢侈《しゃし》に耽《ふけ》り、国が弱くなるばかりだよ。

ところがこの事も、お天狗の連中から一笑に付せられて、ご採用がかなわなかったわけサ。戦争に勝っても、国内の奢《おご》りが今日のごとくでは、輸入超過で二、三年のうちにはもとの杢阿弥《もくあみ》さ。ソレで国人は驕《おご》り、外国からは疾《にく》まれ、経済戦では敗北し、八方塞《ふさが》りだよ。

戦争などというやつは決して容易の事でするものでないよ。幕府の末路などをご覧ナ。長州征伐などと馬鹿な事をやったから、金は使う、結局幕府の運命を縮めたわけサ。日本の奴らは支那が弱イ弱イと言うが、ソレは当り前だよ。アレは李鴻章《りこうしょう》の関係の兵が動いたまでサ。恐らく支那人は日清戦争のある事さえ知らぬ人があるくらいサ。

支那人は昔時から民族として発達したもので、政府というものにはまるで重きを置かない人種だよ。これがすなわち堯舜《ぎょうしゅん》の政治サ。この呼吸をよく飲み込んで支那に対せねば、とんでもない失敗をするよ。支那の政府などドーでもよいではないか。

支那は国家ではない

支那は、ドイツやロシアに困《くるし》められて、早晩滅亡するなどというものがあるけれど、そんな事は決してない。膠州湾《こうしゅう》や、三沙澳《さんさおう》ぐらいの所は、おれの庭の隅にある掃溜《はきだめ》ほどにも思っていないだろう。

全体、支那を日本と同じように見るのが大違いだ。日本は立派な国家だけれども、支那は国家ではない。あれはただ人民の社会だ。政府などはどうなっても構わない。自分さえ利益を得れば、それで支那人は満足するのだ。

清朝の祖宗は井戸掘をしていたのだが、そんな賤《いや》しいものの子孫を上に戴《いただ》いて平気でいるのを見ても、支那人が治者の何者たるに頓着せぬことが分る。それだからドイツ人が愛親覚羅《あいしんかくら》氏に代って政権を握ろうが、ロシア人が来て政治を施そうが、支那の社会には少しも影響を及ぼさない。ドイツが膠州湾を占領したり、英国が三沙澳に拠《よ》ったりすれば、支那人の方では堅固な門番を雇い入れたと思って、かえって喜んでいるかも知れないヨ。

実力はみな支那人の手に　ドイツが膠州湾を占領したといっても、支那人は、日本人と違って少しも騒がないヨ。永く引張っておいて、後で償金でも払うであろう。上海でも、新嘉坡《シンガポール》でも、香港でも、実力はみな支那人の手の中にあるのだから、ドイツが少々騒いだくらいの事には、なかなか驚かないのサ。

まるで一場の夢　今日は、実に上下一致して、ドウやってこの東洋の逆運を切り抜けようかと肝胆を砕かねばならぬ時で、国家問題とは、実にこの事だ。今頃世間で国家問題といっているのはみな嘘だ。あれはみな、自分の頭の上の計算《カンジョウ》ばかりだ。今日の場合、議員の頭の揃う揃わんのと気を揉《も》むのも、あまり賞《ほ》めた事でもあるまいよ。

幕府の末に、いろいろ当局者の頭を痛めたも、畢竟《ひっきょう》この国家問題のためだ。あの頃もずいぶんやかましかったが、三十年後の今日も、やはり昔の通りだ。おれも国家問題のためには、群議を斥《しりぞ》けてしまって、徳川氏三百年の幕府をすら棒に振って顧《かえり》みなかった。当時には、一身の死生はもとより、徳川氏の存亡も眼中にはおかなかったが、おれの生き残ったのも、徳川氏が七十万石の大名になったのも、今から考えると、まるで一場《いちじょう》の夢サ。

六、処世修養談

文字が大嫌い　おれは、一体文字《モンジ》が大嫌いだ。詩でも、歌でも、発句《ほっく》でも、みなでためだ。何一つ修業したことはない。学問とても何もしない。ただあの四、五年間、屏居《へいきょ》を命ぜられたおかげで、少々の学問ができた。源氏物語や、いろいろの和文も、この時に読んだ。漢学も、この時にした。とうとう二十一史も読み通したヨ。しかしほんの独学で、終始康熙《こうき》字典と首引をしたのだから、読み誤っとるかも知れないヨ。音《おん》などは偏《へん》や作《つくり》を見て、よい加減にやっつけるのだからノー。

本当に修業したのは剣術　本当に修業したのは、剣術ばかりだ。全体、おれの家が剣術の家筋だから、おれの親父も、骨折って修業させようと思って、当時剣術の指南をしていた島田虎之助という人に就《つ》けた。この人は世間なみの撃剣家とは違うところがあって、始終、今時みながやりおる剣術は、かたばかりだ。せっかくの事に、足下《あなた》は真正《ほんとう》の剣術をやりなさいといっていた。

それからは島田の塾へ寄宿して、自分で薪水の労を取って修業した。寒中になると、島田の指図に従うて、毎日稽古がすむと、夕方から稽古衣一枚で、王子権現に行って夜稽古をした。

いつもまず拝殿の礎石に腰をかけて、瞑目沈思、心胆を練磨し、しかる後、起《た》って木剣を振りまわし、さらにまた元の礎石に腰を掛けて心胆を練磨し、また起って木剣を振りまわし、こういう風に夜明まで五、六回もやって、それから帰ってすぐに朝稽古をやり、夕方になると、また王子権現へ出かけて、一日も怠らなかった。

初めは深更にただ一人、樹木が森々《しんしん》と茂っている社内にあるのだから、なんとなく心が臆して、風の音が凄《すさま》じく聞え、覚えず身の毛が竪《た》って、今にも大木が頭の上に仆《たお》れかかるように思われたが、修業の積むに従うて、次第に慣れてきて、後にはかえって寂しい中に趣きがあるように思われた。

時々は同門生が二、三人はくることもあったが、寒さと眠さとに辟易《へきえき》して、いつも半途から、近傍の百姓家を叩き起して、寝るのが常だった。しかしおれは、馬鹿正直にもそんな事は一度もしなかったヨ。

修業の効は瓦解の前後に顕《あらわ》れて、あんな艱難辛苦に堪え得て、少しもひるまなかった。ほんにこの時分には、寒中足袋《たび》もはかず、袷《あわせ》一枚で平気だったヨ。暑さ寒さなどいうことは、どんな事やらほとんど知らなかった。ほんに身体《からだ》は、鉄同様だった。今にこの年になって、身体も達者で、足下《あしもと》も確かに、根気も丈夫なのは、全くこの時の修業の余慶《おかげ》だヨ。

禅学を始める　かの島田という先生が、剣術の奥意を極めるには、まず禅学を始めよと勧めた。それで、たしか十九か二十の時であった、牛島の弘福《ぐふくじ》寺という寺に行って禅学を始めた。

大勢の坊主と禅堂に坐禅を組んでいると、和尚《おしょう》が棒を持ってきて、不意に禅坐している者の肩を叩く。すると片端から仰向けに顚《たお》れる。なに、みなが坐しても、銭《ぜに》の事やら、女の事やら、うまい物の事やら、いろいろの事を考えて、心がどこにか飛んでしまっている。そこを叩かれるから、びっくりしてころげるのだ。おれなんかも、初めはこのひっくり返る連中であった。段々修業が積むと、少しも驚かなくなって、例のごとく肩を叩かれても、ただわずか目を開いて視《み》るくらいのところに達した。

禅と剣がおれの土台　こうしてほとんど四ケ年間、まじめに修業した。この坐禅と剣術とがおれの土台となって、後年大層ためになった。瓦解の時分、万死の境を出入して、ついに一生を全《まっと》うしたのは、全くこの二つの功であった。あの時分、たくさん剣客やなんかにひやかされたが、いつも手取りにした。この勇気と胆力とは、畢竟《ひっきょう》この二つに養われたのだ。

危難に際会して逃れられぬ場合と見たら、まず身命を捨ててかかった。しかして不思議にも一度も死なななかった。ここに精神上の一大作用が存在するのだ。

精神上の作用を悟了　一たび勝たんとするに急なる、たちまち頭熱し胸跳《おど》り、措置かえって顚倒《てんとう》し、進退度を失するの患《うれい》を免れることはできない。もしあるいは遁《のが》れて防禦《ぼうぎょ》の地位に立たんと欲す、たちまち退縮の気を生じ来《きた》りて相手に乗ぜられる。事、大小となくこの規則に支配せられるのだ。

おれはこの人間精神上の作用を悟了して、いつもまず勝敗の念を度外に置き、虚心坦懐、事変に処した。それで小にして刺客、乱暴人の厄《やく》を免れ、大にして瓦解前後の難局に処して、綽々《しゃくしゃく》として余地を有《たも》った。これ畢竟《ひっきょう》、剣術と禅学の二道より得来った賜《たまもの》であった。

春風面を払って去る　ここに一つの面白い話がある。白隠《はくいん》という一人の禅僧があった。これは近代の聖僧である。この和尚《おしょう》の寺の門前に一軒の豆腐屋があった。そのうちの娘が、ふと妊娠した。両親はいたく驚き詰責すると、娘が実はお寺の上人《しょうにん》さんと云々して、妊《はら》んだと白状した。そこで両親も大いに喜び、御上人様のお胤《たね》であるならとて産み落させ、大切に育て上げた。二、三年たつと彼《か》の娘が、実にすまないと考えついて実を吐いた。そこでその子供が白隠の胤でないということが分った。ゆえに両親も大いに驚き、直ちに寺に至り白隠に向い、前後の始末を話し、大いにあやまる。すると白隠はハアソーカと一言いったばかりであった。「ハアソーカ」なかなか大きなものだ。

天下の事、すべて春風の面《おもて》を払って去るごとき心胸、この度胸あって初めて天下の大局に当ることができる。

西郷の居睡り　西郷は、さすがにこの間の消息を解し居た。江戸城受渡の時、一つの美談がある。これは一翁《いちおう》から聞いた話だ。

あの時にはおれと西郷との談判で、双方五人ずつの委員を選び、城受渡の式をすることにした。西郷も一翁もその一人で、おれは加わらなかった。その時は殺気全都に充満すという形勢で、なかなか油断ができなかった。それで城受渡にくる官軍の委員らも非常の警戒で、堂々たる官軍の全権委員の一人が、狼狽のあまり片足に草履《ぞうり》をうがちながら、玄関を昇ったという奇談ものこっているくらいである。この中に西郷は悠然として、少しも平生に異ならず、実に貫目があったということだ。

実に驚いたは、城受渡に関するいろいろの式が始まると、西郷先生居睡《いねむ》りを始めた。この式がすんで、ほかの委員が引取るも、なお先生ふらりふらりやっている。すると一翁傍《はた》よりたまりかね、西郷さん西郷さん、式がすんでみなさんお帰りでござると、ゆり起すと先生ハアーと言ってねとぼけ顔を撫《な》でつつ、悠然として帰って行ったそうだ。

一翁もひどく感心していた。なかなかふとい奴だ。数十日疲れていたもんだから、城受渡の間に、いい暇見つけた気で居睡りとは、恐れ入るではないか。畢竟《ひっきょう》、ここらが彼の維新元勲の筆頭に数えらるるところだ。

速《すみやか》ならんと欲せば大事成らず。切々事に迫るは処世の大禁物だ。虚心坦懐、徐《おもむ》ろに人事を尽して天命を俟《ま》つのみ。民党先生、この余裕なかるべからずだよ。

おれの得意の句　俳諧といえば、其角堂《きかくどう》や夜雪庵《やせつあん》などが、おれのところへ来るから、おれもちょっとやってみる気になり、幾つも作ったが、ここに一つおれの得意の句がある。

それは、

時鳥不知帰遂《つい》に蜀魂

ほととぎすほととぎすついにほととぎす。人生すべてかくのごとしサ。

少壮のときには、時流に従うて、政党とか、演説とか、選挙とか、辞職とか、騒ぎたってるが、これは、すなわち時鳥《ほととぎす》だ。しかし、これも一時で、天下の事、意のごとくならず、已《や》みぬる哉《かな》、已みぬるかな、むしろ故山に帰りて田地でも耕すがましだと、不平やら失望やら、これが中年から初老の間で、いわゆる不如帰《ほととぎす》だ。しかしてかれこれするうちには年が寄って、もう蜀魂《ほととぎす》だ。つまり、十七文字の間で、人生を一括したのサ。

この句を永機《えいき》に見せたら、どうも先生のは分らないというから、困った奴だと今の通り説明して聞かせてやった。するとなお考えていたが、先生のは字義がむつかしいというから、それは字義の講釈などは聞かなくても見る人にはわかる。芭蕉の句でも見る人の眼識次第で、深遠の意味が自《おのず》から心に浮んでくる。もし芭蕉がおれの句を見たなら、きっと感心するだろうと威張ってやったッケ。

今の俳諧は規模が小さい 其角《きかく》は、才でとおした人だけれども、芭蕉は、またえらい人だった。その句を味《あじわ》ってみるのに、みな禅味を帯びていて、その人品の高雅なところが想像せられる。そしてその語は、西行の古歌などから取ったものが多く、学問は、なかなか博《ひろ》かったようだ。

「道ばたの木槿《むくげ》は馬に喰はれけり」という句から思いついて、おれが、

昼顔のとがまを洩れてさきにけり

と詠《よ》んだが、どうだネ。

「稲妻の行く先見たり不破《ふわ》の関」実に千万言を重ねても言い尽くせぬことを、やすやすと言い顕《あらわ》してあるが、おれもこうやった。

稲妻やまたたくひまの人一世

それから、まだいくつもあるが、

夜の雪草鞋《わらじ》もぬがで子を思ふ

これらは、少し調子が卑《ひく》いから、夜雪庵《やせつあん》などにも分るだろう。

車引き車引きつつ過ぎにけり

これは車夫が、車もずいぶん引いたから、なにか商売を代えよう代えようと思いつつも、やはり車を引いていて、とうとう転業の機会がなく、それで一生を過すところを詠んだのだが、浮世はみなこの通りだヨ。

米櫃《こめびつ》に一夜つかる老鼠《おいねずみ》

これは、貧乏士族が何か喰う道にありつこうありつこうと思っているうちに、自分の身がまずたうれてしまう。こういう人は、しばしばおれの家へも来るが、あたかも老鼠が一夜かかって米櫃を噛《かじ》って、さて、これから米を喰おうという時になって、体は疲れる、夜は明けるというのと同じだ。

どうも今の人がいう俳諧は、みな規模が小さくて、小天地の間に跼蹐《きょくせき》しているが、あ

れはいけない、おれはかつて、

雲の峯《みね》すぐに向ふは揚子江

と詠んだことがある。詩でも山陽の「雲耶《か》山耶《か》」などは、まだまだ小さいヨ。

露伴ばかりは博い　小説も退屈な時には、読んでみるが、露伴《ろはん》という男は、四十歳くらいか、彼奴《アイツ》なかなか学問もあって、今の小説家には珍しく物識《ものしり》で、少しは深そうだ。聞けば、郡司《ぐんじ》大尉の弟だというが、兄弟ながら面白い男だ。

紅葉というのは才子だ。小説のほかに仕事をやる奴だ。書いたものに、才気が現われておる。

『むら竹』という本を書いた篁村《こうそん》とかいう男の小説は、近頃一向見えないが、もう種切になったのか、それともまた、商売替えでもしたのか。ナニ、まだ壮健《タッシャ》だと。じゃあ老い込んだのかいや。

それから浪六《なみろく》という男があるようだ。あれの書くのは千篇一律で、いつも侠客《きょうかく》ばかりだ。しかしそれも腹のない人間ばかり書くから、どれもこれも意味がない。彼奴《アイツ》も遠からず、種切になるだろうヨ。

露伴ばかりは博《ひろ》い。書くものがみな趣が違う。仏書も少しは読んだらしい。作者は、何でも腹が広くなければいかん。

変化がうまい馬琴　馬琴《ばきん》もおれが小さい時分は、なかなか盛んだったヨ。彼奴《きやつ》も十二、三の頃には、児島惇庵《しゅんあん》という御典医《ごてんい》の小僧であって、この時に、初めて作者になる階段を上りそめたのだ。

その頃、根岸肥前守という人が、三十俵二人口の小禄から立身して、御勘定奉行まで経昇《へのぼ》った。これほど世渡りの上手な人が隠居の後『耳袋』という書物を作ったが、児島とは、懇意な間だから、いつもこの書物を貸してやると、その使《つかい》には、必ず馬琴が来た。ところが思いきや、馬琴は途中で風呂敷包を解いて『耳袋』を読んだと見えて、後半著作をするのに、しばしばこの中の事を種にしたということだ。

また小説を書いた礼物も貯蓄しておいては、支那小説を買って読んだから、彼奴の趣向は、いつも変化がうまい。あの「閑話休題」という熟語も、支那小説によく用いる語だヨ。

『八犬伝』は『水滸伝』を丸抜にしたのだけれど、おれが十七、八の時に、あれが初めて出版せられた頃には、非常な評判で、いわゆる堂々たる大儒者も、これに及ばなかった。実に絶世の才子だった。

山東京伝　京伝《きょうでん》は、町人だ。その弟の京山《きょうざん》も通人で、才子で、よく穿《うが》ったことをいったヨ。京伝はさる大名の落胤《らくいん》で、一生親知らずに京橋伝馬町《てんまちょう》の薬種問屋に育ったものだと伝えるのだが、その実どうだか。絶世の醜男子《ぶおとこ》だったが、学問はあったし、才識は卓《ス》絶《グ》れていたし、その上、局量が博《ひろ》くて、まことに大家《たいけ》に大様《おおよう》に育てられた息子だった。

柳亭種彦　種彦《たねひこ》は、二百俵の旗本で、高屋《たかや》彦四郎といって、漢学も和学もよくできた。極めて怜悧な人であったから、奥向へも出入して、幇間《たいこもち》のごとく、如才なく立ち廻った。そして古風な事が好きで、やれ近松だとか、やれ西鶴だとか始終騒いでおった。

おれの親父とは、懇意であったから、折々は遊びにきて、おれを捕まえては、あなた本が好きなら私の宅へ来てご覧、いろいろ小説の考証もあるなどいったり、また、あなた暇なら小説でも書いたらどうだなどいって、小説の秘書のようなものを貸したりした。あの評判の『田舎源氏』は大奥の事を書いたもので、その頃の大御所様は妾が四十人、子が六十人というほどえらい方であったから、種彦はこれを材料にして、大御所を光源氏に見立て、その他、絵組の模様なども、お浜御殿をそのまま書いたところがある。如才がないから奥の部屋々々へもはいって、その事情に精通しておったと見えて、書いたものがみな活動しておる。

馬琴の諷刺　今の小説家は、なぜ穿《うが》ちが下手《へた》だろう。諷刺ということをほとんど知らない。たまたま書けば、真面目で新聞に毒づくくらいの事だ。気が短いのか、それともまた、脳味噌が不足なのか。

馬琴の『八犬伝』も、あれは徳川の末世のことを書いて、つまり不平の気を漏らしたのだ。ちょっとみると、なんの意味もないようだが、その無さそうなところが、上手なのサ。京山や、春水なども、本町あたりの大町人の内幕、そら、本町辺の噂《うわさ》を書いたものよ。

馬琴の諷刺は、ちょうど司馬遷《しばせん》の『史記』のようなもので、褒貶《ほうへん》曲折が著しい。およそ窮屈な時代には、才の競争で、手を拍《う》つような上手な諷刺が多くあるものだ。

金鶏の味噌摺　姓は今忘れたが、号を金鶏という戯作者の味噌摺《みそすり》があった。味噌摺というのは、今の批評家の下等の奴サ。

金鶏は、まだ二十歳あまりの若輩であったけれど、なかなかの才物で、たとえば『名人姓名録』というようなものを作って、当代の作者や役者を、鯛《たい》だとか鯉《こい》だとか、鮒《ふな》だとか鱵《さより》だとか価《ね》打《うち》をつけて評するから困る。名誉を好む人は、あらかじめ金品を贈って、その機嫌を取っておくという始末。その摺物のごときも、早晩お上《かみ》へ没収せられる覚悟で、二十両のものをも、早く百両くらいに儲けておいた。それゆえお上にも仕方がない。

琴台の御馳走　また、その頃、京都の儒者に東条琴台《きんだい》というのがあった。当時、寺門静《てらかどせい》軒《けん》の『江戸繁昌記』が非常に評判のよかったころだから、琴台も江戸へ出て、一と旗挙げようと思って、江戸の大家先生を大勢両国の万八へ招いた。

御馳走という前触れだから、いずれも出席して、席上揮毫《きごう》だの、課題だのやった後、足るほど飲み食いして帰ると、翌朝万八から、昨夜の割前だといって、諸入費の頭割を取りにきた。

あれは琴台の御馳走であった筈《はず》だというと、琴台先生は、皆様から頂けと仰って、今朝すでに京都へご出立なされたという。それは一杯喰わされたと思っても、後の祭りだ。こういう悪戯《いたずら》をしたものもある。

そのころの書画会といえば、谷文晁《ぶんちょう》や、渡辺崋山なども出て、すこぶる賑やかなものであったヨ。

十返舎一九も、なかなかの才物で、あれは花川戸の船宿の亭主サ。職が職だから、さすがは通人だったヨ。

そんな風にして、作者が幅を利かしていたから、後には水野越前守などのお叱りを受けて、奉行所などへ引かれたものもあったが、それはその筈だ。

近松の才智　今の人も、文学は元禄《げんろく》にあるというが、もっともの事だ。あの近松門左衛門のごときは、えらい奴だ。坊主上りだそうだが、才は充分あったヨ。平賀鳩渓《きゅうけい》も諷刺は巧みだが、近松には及ばない。
近松の浄瑠璃の中に『出世滝徳《しゅっせのたきのぼり》』といって、淀屋辰五郎の事を書いたものがある。その文中に淀屋が豪奢の様《さま》を写して「金の冠、着ぬばかり」と書いたが、それでは朝廷に対して勿体《もったい》ないといって、すぐその次に「癪《しゃく》は持病にありとかよ」とやったところは実に名文だ。笏《しゃく》を癪に代えたところなどは、実に才子だ。なかなかうまい諷刺ではないか。

もっともこの頃は、田沼時代だから、作者も時勢が癪にさわって、畢竟《ひっきょう》あれで不平を洩《もら》したのサ。昔の作者は、すべてそんなやり方だから、旗本にも学者にも、みな好評を得たのだ。

今の小説は浅い　今の小説は、西洋のをも加味して、昔物を焼直すから、広いことは広いけれど、浅くっていけない。昔の小説を読むと、その時勢がわかるけれど、今の小説では今の時勢は、決してわからない。それに諷刺が浅はかで、すぐに人を怒らせるなどは、あまり智慧がないではないか。

露伴などが今少し年をとると好《よ》かろう。書いたもので見ると、あいつなかなかえらい。そして経歴もあるらしい。まず今日では露伴が一等だ。

古書を読んでいるヨ　おれのところへは、幇間《ほうかん》や、遊人や、芸人が沢山やって来るヨ。芸人などは、無心で熟練した結果、一道の悟りを得たものが多い。しかし自分では、その事を覚えないけれども、おれがそれを推察して説明して聞かすると、彼らはいずれも驚いて、おれをひどく炯眼《けいがん》だというヨ。

近頃の人は、みな自分でえらがり、議論ばかりしてうるさくて仕方がない。それゆえ、理窟《りくつ》を書いたものを読むと肝癪に障《さわ》るから、ただ人情本や、古書などを読んでいるヨ。いつか作った文がある。

先哲の書を見る詞《ことば》

元和偃武《げんなえんぶ》以来国内の趨勢漸《ようや》く文化に向い、豪傑英俊の士等文学に従事す。元禄前後に到《いたり》て、殊《こと》に傑出の輩不少《すくなからず》。あるいは経綸《けいりん》の才識を具備せし者、あるいは高踏超凡なる者、あるいは往昔の古調を修むる者、あるいは印度の古義を明解する者、其他みな不撓《ふとう》の精神を以て、其道を自得し、有為の学者たるは不恥《はじず》。我が殊に賞賛する数輩《すはい》、今にしてその人不可見《みるべからず》といえども、其の手沢の存する者あるを以て、幽鬱無聊の時において展覧、古人の境遇如何《いかん》を追懐すれば、不言中胸懐《ふげんのうち》の快然たるを覚ゆる也《なり》。

誠があれば鬼神も感動　今年の七月頃であったか、あまり久しく雨が降らなかったから、おれはこういう歌を詠《よ》んで、三囲《みめぐり》の神へ奉納させたところが、ちょうどその日雨が降ったよ。実に不思議ではないか。おれの歌も天地を動かし鬼神を哭《な》かしむるほどの妙がある。小野小町や宝井其角《たからいきかく》にも決して負けない。

七月十九日より雨なく暑さ烈《はげ》しければ詠みて奉る

三囲の社《やしろ》に続くひわれ田を神はあはれと見そなはさずや　物部安芳《もののべのやすよし》

歌詞などはまずくっても、誠さえあれば、鬼神は感動するよ。今の世の中は、実にこの誠というものが欠けている。政治とか経済とかいって騒いでいる連中も、真に国家を憂うるの誠から出たものは少《すくな》い。多くは私の利益や、名誉を求めるためだ。世間のものは勝の老いぼれめがといって嘲《あざけ》るか知らないが、実際おれは国家の前途を憂えるよ。

歴史はむつかしい　おれはいつもつらつら思うのだ。およそ世の中に歴史というものほどむつかしいことはない。

元来人間《がんらいにんげん》の智慧は未来の事まで見透《みとお》すことができないから、過去のことを書いた歴史というものに鑒《かんが》みて将来をも推測しようというのだが、しかるところこの肝腎《かんじん》の歴史が容易に信用せられないとは、実に困った次第ではないか。

見なさい。幕府が倒れてからわずかに三十年しか経たないのに、この幕末の歴史をすら完全に伝えるものが一人もないではないか。それは当時の有様を目撃した故老もまだ生きているだろう。しかしながら、そういう先生は、たいてい当時にあってでさえ、局面の内外表裏が理解《わか》らなかった連中だ。それがどうして三十年の後からその頃の事情を書き伝えることができようか。況《いわ》んやこれが今から十年も二十年も経て、その故老までが死んでしまった日には、どんな誤りを後世に伝えるかも知れない。

歴史というものは、実にむつかしいものさ。

匹夫匹婦の言も天籟　書生だの浪人だのという連中は、昔から絶えずおれのところへやって来るが、時には五月蝿《うるさ》いと思うこともあるけれど、しかしよく考えてみると、彼らが無用意に話す言葉の内には、社会の形況や、時勢の変遷が、自然に解《わか》って、なかなか味《あじわ》うべきことがあるよ。匹夫匹婦の言も、虚心平気でこれを聞けばみな天籟《てんらい》だ。

巧名心で色慾を焼き尽す　若い時のやり損《そこな》いは、たいがい色慾から来るので孔子も「之《これ》を戒むること色に在り」と言われたが、実にその通りだ。

しかしながら、若い時には、この色慾を無理に抑えようとしたって、それはなかなか押え付けられるものではない。ところがまた、若い時分に一番盛んなのは、功名心であるから、この功名心という火の手を利用して、一方の色慾を焼き尽すことができれば甚だ妙だ。

そこで、情慾が盛んに発動してきた時に、じっと気を静めて、英雄豪傑の伝を見る。そうするといつの間にやら、段々功名心は駆られて、専心一意、ほかの事は考えないようになってくる。こうなってくれば、もうしめたものだ。今の書生連中も、試みにやってみるがよい。決して損はないよ。

きせん院の戒め　昔本所《ほんじょ》に、きせん院という一個の行者《ぎょうじゃ》があって、その頃流行した富籤《とみくじ》の祈禱《きとう》がよく当るというので、非常な評判であったが、おれの老父が、それと親しかったものだから、おれもたびたび行ったことがある。ところが越前守が出てきて、やかましく富などの取締をせられてからは、たちまち流行《はや》らなくなった。

それから段々とおちぶれて、後には汚い長屋に住んでいたが、誰も末路というものは、憐れなもので気の毒だから、時々野菜などを持って行ってやった。

この行者も、もとはなかなかのもので、肉食妻帯はおろか、間男《まおとこ》なんか平気なもんで、一種太いところを持っていたが、こう落魄《らくはく》してからは、身体も気分も段々と弱り込んできた。

ある日のこと、おれは例のごとく何か持って見舞いに行ったが、彼はおれに向い、「貴下《あなた》はまだ若いが、なかなか根気が強くって末頼母《すえたのも》しい方だによって、私が一言お話をしておきますから、ぜひ覚えていて下さい。必ず思い当ることがあります。

一体、私の祈禱が当らなくなったについては、二つの理由があります。

一つの理由は、ある日一人の婦人が、富の祈禱を頼みにやって来ました。ところがそれが素敵な美人であったから、覚えず煩悩に駆られて、それを口説き落し、それから祈禱をしてやりました。ところが四、五日すると、その祈禱に効験があって、当籤《とうせん》をしたといって礼に来ましたから、またまた口説きかけると、かの美人は恐ろしい眼で睨《にら》みつけ、亭主のある身で不義な事をしたのも、亭主に富籤を取らせたい切な心があったばかりだ。それに又候《またぞろ》不義を仕掛けるなどとは、不届千万な坊主めがと叱った。その眼玉と叱声とがしみじみ身にこたえた。

それから今一つは、難行苦行をする身であるから、常に何か生分《せいぶん》のある物を喰って、滋養をとっていましたが、ある日の事、両国で大きなすっぽんを買ってきた。ところが誰も怖がって料理をする者がないから、私が自分で料理をしようとすると、かのすっぽんめが首を持ち上げて、大きな眼玉をして私を睨んだ。私はなーにと言いつつ、首を打ち落して料理して喰ってみたが、しかし何となく気にかかった。

この二つの事が、始終私の気にかかっていて、祈禱もいつとなく次第に当らなくなったのです。それといって、何もこの二つがたたるというわけでもあるまいが、つまり自分の心に咎《とが》めるところがあれば、いつとなく気が餒《う》えてくる。すると鬼神とともに動くところの至誠が乏《とぼ》しくなってくるのです。そこで、人間は平生踏むところの筋道が大切ですよ」

と言って聞かせた。

この話を聞いて、おれも豁然《かつぜん》として悟るところがあり、爾来《じらい》今日に至るまで、常にこの心得を失わなかった。

全体おれがこの歳《とし》をしておりながら、身心ともにまだ壮健《タツシヤ》であるというのも、畢竟《ひっきょう》、自分の経験に顧みて、いささかたりとも人間の筋道を踏み違えた覚えがなく、胸中に始終この強味があるからだ。

この一個の行者こそ、おれが一生のお師匠様だ。

人間長寿の法　人間長寿の法というもほかにはない。俗物には、飲食を摂して、適度の運動を務めなさいと言えば、それでよいが、しかし大人物にはそうはいかない。見なさい。おれなどはいくら寒くっても、こんな薄っぺらな着物を着て、こんな煎餅《せんべい》のような蒲団《ふとん》の上に座っているばかりで、別段運動ということをするわけでもないが、それでも気血はちゃんと規則正しく循環して、若い者も及ばないほど達者ではないか。

さあここがいわゆる思慮の転換法というもので、すなわち養生の第一義である。つまり綽々《しやくしやく》たる余裕を存して、物事に執着せず拘泥《こうでい》せず、円転豁達の妙境に入りさえすれば、運動も食物もあったものではないのさ。

精神と根気　なにしろ人間は、身体が壮健《タッシャ》でなくてはいけない。精神の勇ましいのと、根気の強いのとは、天下の仕事をする上にどうしてもなくてはならないものだ。そして身体が弱ければ、この精神とこの根気とを有することができない。つまりこの二つのものは大丈夫の身体でなければ宿らないのだ。

ところが日本人は、五十になると、もうじきに隠居だとか何だとか言って、世の中を逃げ去る考えを起すが、どうもあれでは仕方がないではないか。

しかし島国の人間は、どこも同じことで、とにかくその日のことよりほかは、目が付かなくって、五年十年の先はまるで黒暗《くらやみ》同様だ。それも畢竟《ひっきょう》、局量が狭くって、思量に余裕がないからのことだよ。もしこの余裕というものさえあったなら、たとえ五十になっても、六十になっても、まだなかなか血気の若武者であるから、この面白い世の中を逃げるなどというような、途方もない考えなどは決して出ないものだ。

お前が鰻飯《うなぎめし》も好き、牛肉も好き、豆腐も好きだけれども南瓜《とうなす》は嫌いだ、茄子《なす》も好きではないと仮定しておいて、その好きなものばかり食うて嫌なものはいっさい排斥して食わないとすれば、これが余裕のないのだよ。その嫌いな南瓜でも茄子でも、拵《こし》らい方によりてはきっと食えるものだから、その拵らい方もなんにも考えずに、いちがいに嫌いだとて打棄てるのは道理のない訳だよ、ツマリ余裕のない訳だよ。

見なさい。世の中のことはみんなこんなものだよ。よろしいか忘れてはならないよ。

昔の武士は　昔の武士は、身体を鍛えることには、よほど骨を折ったものだよ。弓馬槍剣、さては柔術などといって、いろいろの武芸を修業して鍛えたものだから、そこでおれのように年は取っても身体が衰えず、精神も根気もなかなか今の人たちの及ぶところでないのだ。
もっとも昔の武士は、こんなに身体を鍛えることには、ずいぶん骨を折ったが、しかし学問はその割にはしなかったよ。それだから、今の人のように、小理窟《りくつ》を言うものはいなかったけれども、その代り命を君《くん》の御馬前に捧げることなどは平生ちゃんと承知していたよ。いわゆる君辱《はずか》しめらるれば、臣死すという教えが、深く頭の中に染み込んでいたから、いざという場合になると、雪のようなる双肌《もろはだ》を押しぬいで、腹一文字に搔《か》き切ることを何とも思わなかったのだ。

しかるに、学問に凝《こ》り塊《かた》まっている今の人は、声ばかりは無暗《むやみ》に大きくて、胆玉の小さきことは実に豆のごとしで、空威張りには威張るけれども、まさかの場合に役に立つものはほとんど稀《まれ》だ。みんな縮み込んでしまう先生ばかりだよ。

気合と呼吸　全体何事によらず気合ということが大切だ。この呼吸さえよく呑み込んでおれば、たとえ死生の間に出入しても、決して迷うことはない。しかしこれは単に文字の学問ではできない。王陽明のいわゆる事上錬磨、すなわちしばしば万死一生の困難を経て初めて解《わか》る。戦争などは、何よりよい錬磨だ。

この気合を制するということはえらいもので、たとえば関ケ原の戦争をご覧。三成《みつなり》もなかなかの英物で、島《しま》という参謀が扣《ひか》えており、その上、将校にも東軍に譲らないほどの豪傑が揃っておった。それでついに勝たなかったというのはつまり家康にその気合を制せられて、頭から呑み込まれてしまっていたからである。

また、明智左馬之助という男は、実にえらい人物で、本能寺の変の時、さすがの光秀も最初はいくらか遅疑逡巡するところがあって、腹心の者二、三を集めて評議をした。すると左馬之助は、評議も何もない、明日すぐにやるがよい、と言った。この一言で、光秀も直ちに決心したのだが、時の英雄信長が、光秀にやられたのも、ただこの決断の力だ。

ところで気合と呼吸といっても、口ではいわれないが、およそ世間の事には、自《おのず》から順潮と逆潮とがある。したがって気合も、人にかかってくる時と、自分にかかってくる時とがある。そこで、気合が人にかかったと見たら、すらりと横にかわすのだ。もし自分にかかってきたら、油断なくずんずん推して行くのだ。しかしこの呼吸が、いわゆる活学問《いきがくもん》で、とても書物や口頭の理窟《りくつ》ではわからない。

活学問・寝学問　活学問《いきがくもん》にも種々《さまざま》仕方があるが、まず横に寝ていて、自分のこれまでの経歴を顧み、これを古来の実例に照して、徐《しず》かにその利害得失を講究するのが一番近路《ちかみち》だ。そうすれば、きっと何万巻の書を読破するにも勝《まさ》る功能があるに相違ない。区々たる小理窟《りくつ》は、誰か学者先生を執《と》えてちょっと聞けばすぐ解《わか》ることだ。箇中の妙味は、また一種格別のもので、おれの学問というのは、たいがいこの寝学問だ。

しかし俗物には、この妙味が解らないで、理窟づめに世の中の事を処置しようとするから、いつも失敗のし続けで、そうして後では大騒ぎをしておる。実に馬鹿げた話ではないか。

おれなどは、理窟以上のいわゆる呼吸というものでやるから、容易に失敗もせぬが、万一そういう逆境にでも陥った場合には、じっと騒がずに寝ころんでいて、また後の機会が来るのを待っている。そしてその機会が来たならば、すかさずそれを執《どら》まえて、事に応じ物に接してこれを活用するのだ。つまり、これが真箇の学問というものさ。

忘れ切る　人は何事によらず、胸の中から忘れ切るということができないで、始終それが気にかかるというようでは、なかなかたまったものではない。いわゆる座忘といって、何事もすべて忘れてしまって、胸中濶然《かつぜん》として一物を留めざる境界に至って、初めて万事万境に応じて、横縦自在の判断が出るのだ。しかるに胸に始終気掛りになるものがあって、あれの、これのと、心配ばかりしていては、自然と気が餒《う》え神《しん》が疲れて、とても電光石火に起りくる事物の応接はできない。

全体、事の起らない前から、ああしようの、こうしようのと、心配するほど馬鹿げた話はない。時と場合に応じてそれぞれの思慮分別は出るものだ。第一自分の身の上について考えてみるがよい。誰でも初め立てた方針通りに、きちんとゆくことができるか。とてもできはしない。元来《がんらい》人間は、明日の事さえ解《わか》らないというではないか。それに十年も五十年も先の事を、劃一《かくいつ》の方針でもってやろうというのは、そもそも間違いの骨頂だ。

それであるから、人間に必要なのは平生の工夫で、精神の修養ということが何より大切だ。いわゆる心を明鏡止水のごとく磨ぎ澄ましておきさえすれば、いついかなる事変が襲うてきても、それに処する方法は、自然と胸に浮んでくる。いわゆる物来《きた》りて順応するのだ。おれは昔からこの流儀でもって、種々の難局を切り抜けてきたのだ。

それゆえに人は、平生の修行さえ積んでおけば、事に臨んで決して不覚を取るものでない。剣術の奥意に達した人は、決して人に斬られることがないということは、実にその通りだ。おれも昔親父からこの事を聞いて、ひそかに疑っていたが、戊辰《ぼしん》の前後、しばしば万死の途に出入して、初めてこの呼吸が解った。かの広島や品川の談判も、畢竟《ひつきよう》この不用意の用意でやり通したのさ。

大胆に無用意に それからまた、世に処するには、どんな難事に出会っても臆病ではいけない。さあ何程《イクラ》でも来い、おれの身体が、ねじれるならば、ねじってみろ、という了簡で、事を捌《さば》いて行く時は、難事が到来すればするほど面白味が付いてきて、物事は雑《ぞう》作《さ》もなく落着してしまうものだ。

なんでも大胆に、無用意に、打ちかからなければいけない。どうしようか、こうしようか、と思案してかかる日には、もういけない。むつかしかろうが、易《やす》かろうが、そんな事は考えずに、いわゆる無我という真境に入って無用意で打ちかかって行くのだ。

もし成功しなければ、成功するところまで働き続けて、決して間断があってはいけない。世の中の人は、たいてい事業の成功するまでに、はや根気が尽きて疲れてしまうから、大事ができないのだ。

敵も味方に　根気が強ければ、敵もついには閉口して、味方になってしまうものだ。確乎たる方針を立て、決然たる自信によって、知己を千載《せんざい》の下に求める覚悟で進んで行けば、いつかは、わが赤心の貫徹する機会が来て、従来敵視していた人の中にも、互に肝胆を吐露しあうほどの知己が出来るものだ。区々たる世間の毀誉褒貶を気にかけるようでは、到底仕方がない。

そこへ行くと、西郷などは、どれほど大きかったか分らない。高輪《たかなわ》の一談判で、おれの意見を通してくれたのみならず、江戸全都鎮撫の大任までを一切おれに任せておいて少しも疑わない。そのほかむつかしい事件でも持ち上がると、すぐにおれのところへ負《おわ》せかけて、勝さんが万事くわしいから、よろしく頼みますなどと澄まし込んで、昨日まで敵味方であったという考えは、どこかへ忘れてしまったようだった。その度胸の大きいには、おれもほとほと感心したよ。

あんな人物に出会うと、たいていなものが、知らず識《し》らずその人に使われてしまうものだ。小刀細工や、口頭の小理窟《りくつ》では、世の中はどうしても承知しない。

精根には限りがある　人間の精根には限りがあるから、あまり多く読書や学問に力を用いると、勢い実務の方には疎《うと》くなる筈《はず》だ。学者必ずしも迂濶《うかつ》なのではない。その迂濶なの

は、力が及ばないからだ。

おれはいつか中村敬宇《けいう》にいったことがあるヨ。お前らを大切にするのは、失敬の比喩だが、ちょうど金箔の付いた書物を大切にすると同じだ。塵《ちり》をつけず、下にも置かず、ずいぶん尊重はするけれども、さて実際の場合には、おれは決してお前らの教えを受けようとは思わないヨ。憚《はばか》りながら実務のことは、おれの見るところがあるから、必ずしも古人に法《のっと》らず、必ずしも書籍に質《ただ》さず、事に応じ変に処して、莢《さや》開いて豆墜《お》ち、水流れて渠《きょ》成る的の作用があるのだといった事があったッケ。

余裕が無くては

人には余裕というものが無くては、とても大事はできないヨ。昔からともかくも一方《ひとかた》の大将とか、一番槍の功名者とかいう者は、たとえどんな風に見えても、その裏の方から覗《のぞ》いてみると、ちゃんと分相応に余裕を備えていたものだヨ。

今の人たちに、この余裕を持っているものがどこにあるか。人にはずいぶん沢山あるように見える世の中だけれども、おれの眼には、頓《とん》と見えないヨ。皆無だヨ。それを思うと西郷が偲《しの》ばれるのサ。彼は常に言っていたヨ。人間一人前の仕事というものは高《たか》が知れるといっていたヨ。

どうだ、余裕というものは、ここだヨ。いくら蚤捕眼《のみとりまなこ》で、天下の大機を見たとて、観《み》えるものではないヨ。いくら物事に齷齪《あくせく》して働いても、仕事の成就するものではないヨ。功名を為《なそ》うという者には、とても功名はできない。きっと戦《いくさ》に勝とうというものには、なかなか勝戦はできない。これらはつまり無理があるからいけないのだ。詮《せん》じつめれば、余裕がないからの事ヨ。

君らには見えないか。大きな体をして、小さい事に心配し、あげくの果に煩悶している者が、世の中にずいぶん多いではないか。駄目だヨ。彼らには、とても天下の大事はできない。つまり、物事をあまり大きく見るからいけないのだ。物事を自分の思慮の裡《うち》に畳みこむ事ができないから、あの通り心配した果てが煩悶となって、寿命も何も縮めてしまうのだ。全体自分が物事を呑み込まなければならないのに、かえって物事の方から呑まれてしまうから仕方がない。これもやはり余裕がないからの事だ。

無我の境　物事をするにも、無我の境に入らなければいけないヨ。悟道徹底の極みは、ただ無我の二字にほかならずサ。いくら禅で錬り上げても、なかなかそうは行かないヨ。いざというと、たいていの者が紊《みだ》れてしまうものだヨ。

切りむすぶ太刀の下こそ地獄なれ踏みこみ行けば後は極楽

とは昔剣客のいった事だ。歌の文句は、まずいけれども、無我の妙諦《みようたい》は、つまり、この裡《うち》に潜んでいるのだヨ。

余裕、思慮、胆力などいっても、しかしこれはその人の天分だヨ。天分というものは、争われないものだ。おれも十七、十八、十九、血気盛りのこの三年の間、撃剣の修業をした時に、いろいろ禅で錬ってみたがの。おれの修業は、大層役に立ったヨ。

内輪の心配　人間の覇気を減らすのに、一番力のあるものは、内輪の世話や心配だ。外部の困難なら、たいていな人が辛抱もするし、またこれがためにますます勇気が出るということもあるが、親兄弟とか妻子とかいうような内部の世話には、みんな根気をなくしてしまうものだ。

どんな大悪人でも、恩愛の情にはさすがに脆《もろ》いもので、この情という雨露に打たれると、たちまち弱ってしまうものが多い。そしてこれがすべて年齢の加減に関わるようだ。五十で善人、六十で菩薩、ここらがまあ人間一生の段階だ。おれでも、もしこの雨露に打たれなければ今頃は強盗の頭《かしら》にでもなっておったかも知れないよ。

人間の事業は浅はか　人間は年が寄ると駄目だ。やれ倅《せがれ》がどうの、やれ孫がこうのと、始終これらの妄念に駆られるから、たちまち耄碌《もうろく》してしまう。ここの工夫は、よほどむつかしいもので、何人《なんぴと》も胸に少しの塵《ちり》もなく、淡然として世を渡るということはでき難い。

若いものも同様だ。やれ物知りになりたいとか、やれ名誉を得たいとか、始終いろいろの妄念に駆られておる。この点に至っては、年寄りも若い者も同じことだ。

人間の事業も実に浅はかなもので、その人が死ぬるとともに、その事業も世間から忘られてしまうのが多い。かの百年論定《さだま》るなどいう人は、滅多にありはしない。ことに今日の人は、みな眼前の事ばかりに齷齪《あくせく》して、百年はおろか、十年の計を立てる人さえない。そんな事でどうして千古不滅の大業を仕遂げることができようか。

一生懸命が一番の毒　困苦艱難に際会すると、誰でもここが大切の関門だと思って、一生懸命になるけれど、これが一番の毒だ。世間に始終ありがちの困難が、一々頭脳に徹《こた》えるようでは、とても大事業はできない。ここは支那流儀に平気で澄まし込むだけの余裕がなくてはいけない。そう一生懸命になっては、とても根気が続かん。世路の険悪観来《みきた》って坦々たる大道のごとくなる錬磨と余裕とが肝要だ。

智慧は尽きる時がある　人間は、難局に当ってびくとも動かぬ度胸がなくては、とても大事を負担することはできない。今の奴らは、ややもすれば、智慧をもって、一時逃れに難関を切り抜けようとするけれども、智慧には尽きる時があるから、それは到底無益だ。

意気地のあるなし　今の奴らは、あまり柔弱でいけない。冬が来ればやれ避寒だとか、夏が来ればやれ避暑だとか騒ぎまわるが、まだ若いのに贅沢すぎるヨ。昔にはこのくらいの暑さや寒さに辟易《へきえき》するような人間はいなかったヨ。そんな意気地なしが何で国事改良などできるか。

昔の人は根気が強くて確かであった。免職などが怖くてびくびくするような奴はいなかった。その代り、もし免職の理由が不面目のことであったら、潔く割腹して罪を謝する。決して今の奴のように酒蛙《シャア》々々としてはいない。もしまた自分のやり方がよいと信じたなら、免職せられた後までも十分責任を負う。後は野となれ山となれ主義のものはいなかった。またその根気の強いことといったら、日蓮や頼朝や秀吉を見ても分かる。彼らはどうしても弱らない。どんな難局をでも切りぬける。しかるに今の奴らはその根気の弱いこと、その魂のすわらぬこと、実に驚き入るばかりだ。しかもその癖、いや君国のためとか何のためとか、太平楽を並べているが、あれはただ口先ばかりだ。

いつかおれが作った詩がある。

世事都児戯《せじはすべてじぎ》　閉戸独黙思《とをとじてひとりもくしす》　濛々六合裏《もうもうたりりくごうのうち》　独対旧山河《ひとりたいすきゆうさんが》

うぬぼれを除けてみよ　先日もある役人が来たから、おれは「お前も、もう止《や》めてはどうだ」といったら、これも国家のためだから、いやいやながら、よすわけにいかないといった。そこでおれは、

「それはいけない。みずから欺《あざむ》くにも程がある。昔にも、お家のためだから生きるとか死ぬるとか騒ぐ奴がよくあったが、それはみな自負心だ、うぬぼれだ。うぬぼれを除《の》け

れば、国家のために尽すという正味のところは少しもないのだ。それゆえにもしそんな自負心が起った時には、おれは必死になってこれを押えつけた。

維新の際にも、大鳥とか榎本とかいう英物は、例のお家のためだといって箱館の方へ逃げて行ったが、おれは、愚物は到底話をしても分らず、英物は自《おの》ずから悟る時があるだろうと思って打ちやっておいた。ところが、彼らは果して後悔する時が来た。

お前も今日政府の役人であるから、天晴《あっぱ》れ国家のために尽しているのだとうぬぼれているが、試みにそのうぬぼれを除《の》けて平気に考えてみるがよい。車夫や馬丁がその主人に仕えるほかに、なお国家に尽すところがあるとすれば、お前のはそれに較《くら》べてどうだろう」といって聞かせたら、お役人殿、なるほどと感服して行ったヨ。

人材は製造できない　全体、政治の善悪は、みんな人に在《あ》るので、決して法にあるのではない。それから人物が出なければ、世の中は到底治まらない。

しかし人物は、勝手に拵えようといっても、それはいけない。世間では、よく人材養成などといっておるが、神武天皇以来、果して誰が英雄を拵え上げたか、誰が豪傑を作り出したか。人材というものが、そう勝手に製造せられるものなら造作はないが、世の中の事は、そうはいかない。

人物になると、ならないのとは、畢竟《ひっきょう》、自己の修養いかんにあるのだ。決して他人の世話によるものではない。試みに野菜を植えてみなさい。それは肥《こやし》をすれば、一尺ぐらいずつは揃って生長する。しかしながら、それ以上に生長させることは、いくら肥をしたって駄目だ。つまり野菜は、野菜だけしか生長することができないのさ。文部省がやる仕事も、たいてい功能は知れている。

近頃ある若いものがやって来て、私は財産もなし、門地も賤《いや》しいから、自分ひとりで豪傑のつもりになっておりますというから、おれは感心して、そのつもりで十年もやれといって励ましておいたよ。

無神経ほど強い　世の中に無神経ほど強いものはない。あの庭前の蜻蛉《とんぼ》をご覧。尻尾を切って放しても、平気で飛んで行くではないか。

おれなどもまあ蜻蛉くらいのところで、とても人間の仲間入はできないかも知れない。無暗《むやみ》に神経を使って、やたらに世間の事を苦に病み、朝から晩まで頼みもしないことに奔走して、それがために頭が禿げ鬚《ひげ》が白くなって、まだ年も取らないのに耄碌《もうろく》してしまうというような憂国家とかいうものには、おれなどはとてもなれない。

仕事をあせるな　仕事をあせるものに、仕事のできるものではない。切々《セッセッ》と働きさえすれば、儲かるというのは、日傭《ひよう》取りのことだ。天下の仕事が、そんな了見でできるものかい。

誰でも責任をおわせられなければ、仕事のできるものではない。おれが維新の際に、江戸城引渡しの談判をしたのも、つまり将軍家から至大の権力を与えられ、無限の責任を負わせられたので、思う存分手腕を振うことができたから、あの通り事もなく済んだのだ。それに官軍の参謀は、例の老西郷であったから、ちゃんとおれの腹を見ぬいていてくれたので、大きによかった。

肝胆相照らす　全体、これは別の話だが、敵に味方あり味方に敵ありといって、互に腹を知りあった日には、敵味方の区別はないので、いわゆる肝胆相照らすとはつまりこのことだ。

明治十年の役《えき》の時に、岩倉公が、三条公の旨を受けて、おれに「西郷がこの度《たび》鹿児島で兵を挙げたについては、お前急いで鹿児島へ下向し、西郷に説諭して、早く兵乱を鎮《しず》めてこい」といわれた。

そこで、おれは、当路の人さえ大決断をなさるなら、私はすぐに鹿児島へ行って、十分使命を果たしてご覧に入れましょうといったら、岩倉公は「お前の大決断というのは、大方《おおかた》大久保と木戸とを免職しろということであろう」といわれたから、おれは「いかにも左様でござる」といったら、「それは難題だ。大久保と木戸とは、国家の柱石だから、この二人は、どうしても免職することができない」といわれたので、それではせっかくのご命令であるけれども、とてもお受けを致すことができないといって、おれは断ってしまった。

ところが後で聞けば、この時鹿児島では、桐野が「旗挙げのことが政府へ知れたら、今に勝麟が誰かの密旨を受けて、やって来るであろう」と西郷に話したら、西郷は、馬鹿をいえ、勝が出かけてくるものかといって笑ったそうだ。

どうだ、西郷はこの通りちゃんとおれの胸を見ぬいていたのだ。もはや二十年の昔話ではあるけれど、これらがいわゆる真正《ホント》の肝胆相照らすということの好適例だ。

市中をぶらつけ

おれが長崎にいた頃に、教師から教えられた事がある。それは、時間さえあらば、市中を散歩して、何事となく見覚えておけ。いつかは必ず用がある。兵学をする人は勿論《もちろん》、政治家にも、これは大切な事だと、こう教えられたのだ。

そこで、おれは調練の暇さえあると、必ず長崎の市中をぶらついた。ステッキの頭へ磁石をつけて、これで方角をとっては歩いた。それだから、もちろん今日では全く変っているだろうけれど、その頃米屋がどこの横町にあるとか、豆腐屋がどこの角にあるとかいうことまで、ちゃんとおれは呑み込んでいたよ。

この時の事が習慣になって、その後どこへ行っても、暇さえあれば独《ひと》りでぶらついた。それゆえ、東京の市中でもたいてい知らないところはない。日本橋、京橋の目貫《めぬき》のところ、芝や下谷《したや》の貧民窟、本所、深川の場末まで、ちゃんと知っている。そしてこれが維新前後に非常のためになったのだ。

先生ももとは書生　おれが役をしていた時に、かつて十名ばかりの従者とともに同じように粗末な小倉袴の扮装《イデタチ》で、佐久間象山《しようざん》を訪ねたら、先生玄関まで出迎えて、貴下の仕度はあまりではないか、従者と同じ身なりではお役目に対して済むまいがというから、「拙者の従者をそう軽く見られるけれど、彼らはみな天下の書生である。今でこそ、あなたも先生だけれど、もとはやはり彼らと同じ書生であった。教育によっては、彼らもあるいは他日あなたのように出世するかも知れない。ゆえに拙者は、彼らを兄弟として待遇しているので、決して全くの従者と思ってはいない」

といったら彼もとうとうなずいたが、象山は、まあこんな風に一体が厳格な人であった。しかし、この厳格《げんかく》があまり度を過《す》ごしたのが禍となって、あまり小言をいい過ぎたあげく、ついに河上彦斎《げんさい》に刺された。

この彦斎という男は、実に剣呑《けんのん》な人物で、おれもたびたび用心せよと人から忠告せられたことがあったが、象山を刺したのも、つまり幕府が当時にわかに浪人を捕縛したのは、象山の計らいに相違ないと疑ったのが原因だ。

ちょうどこの浪人捕縛の時であったが、おれの家にいた吉太郎という男は、逃げるのは恥だといって、門の前で腹を切って死んでしまった。昔の人は、みな元気なものサ。もし逃げたとか、裏切したとかいう奴があるなら、他から指をさされない前に、ちゃんと仲間の者で畳《たた》んでしまうか、さもなければ、金を付けて田舎《いなか》の豪家へでも隠しておいて、時を見て再び連れて帰るのが例だ。今の奴らが、逃げても負けても恥とも思わず、虚言《ウソ》をついても、裏切をしても、一向平気で、それでもって有志者だとか、政治家だとか威張っているのみか、世間の者もこれを咎《とが》めないのは、実に呆《あき》れてしまうヨ。どうしてこんな人間の意気地がなくなったか知らん。

乾児のない方がよい　何でも人間は乾児《こぶん》のない方がよいのだ。見なさい。西郷も乾児のために骨を秋風に曝《さら》したではないか。おれの目で見ると、大隈も板垣も始終自分の定見をやり通すことができないで、乾児に担ぎ上げられて、ほとんど身動きもできないではないか。

およそ天下に乾児のないものは、恐らくこの勝安芳一人だろうよ。それだから、おれは、起きようが寝ようが、喋ろうが、黙ろうが、自由自在気随気儘《きまま》だよ。

李鴻章《りこうしよう》や何やと大きな奴があるんで困るが、兎《と》も角《かく》も、伊藤さんは、日本ではエライが、しかし、侯爵様だけれども、西郷なんどが生きていたら、だいぶ笑ったであろうよ。西郷だって正雪《しようせつ》だって、自分の仕事が成就せぬということは、ちゃんと知っていたのだヨ。おれも天保《てんぽう》前後に、ずいぶん正雪のような人物に出遇《であ》ったが、この消息は、俗骨には分らない。つまり彼らには自然に権力が付き纏《まと》うてくるので、何とかしなくては堪《た》えられないようになるのだ。

しかし西郷は、正雪のようには賢くない。ただ感情が激しいので、三千の子弟の血管を湧《わか》した以上は、自分ひとり華族様などになって済まし込むことができなかったのだ。

それを、小刀細工の勤王論などでもって攻撃するのは野暮の骨頂だ。賢くないとはいうものの、勤王論ぐらいは西郷も知っている。だから戦争中も自分では一度も号令をかけなかったというではないか。

おれは、前からそれを察していたから、あの時岩倉さんが聞きに来たのに、大丈夫だ、西郷は決して野心などはない、と受け合ったり、また佐野などにも西郷の心事をくわしく説明してやったが、そのために一時にとんでもない疑いを受けたこともあった。

しかし何にしてもあれほどな人物を、弟子のために情死させたのは、惜しいものだ。部下にも桐野とか、村田とかいうのは、なかなか俊才であった。西郷も、もしあの弟子がなかったら、あんな事はあるまいに。

おれなどは弟子がないから、この通り今まで生き延びて華族様になっているのだが、もしこれでも、西郷のように弟子が大勢あったら、独《ひと》りでよい顔もしていられないから、何とかしてやったであろう。しかし、おれは西郷のように、これと情死するだけの親切はないから、何か別の手段をとるヨ。

とにかく西郷の人物を知るには、西郷くらいな人物でなくてはいけない。俗物には到底分らない。あれは、政治家やお役人ではなくて、一個の高士だものを。

世間は活きている　世の中の事は、時々刻々変遷極まりないもので、機来《きた》り機去り、その間実《じつ》に髪《はつ》を容《い》れない。こういう世界に処して、万事小理窟《りくつ》をもって、これに応じようとしても、それはとても及ばない。

世間は活《い》きている。理窟は死んでいる。この間の消息を看破するだけの眼識があったのは、まず横井小楠で、この間に処していわゆる気合を制するだけの胆識があったのは、まず西郷南洲だ。おれが知人の中で、ことにこの二人に推服するのは、つまりこれがためである。

これまで民間に潜《ひそ》んでいた若手も、おいおい天下の実務に当るようになってきたのは、いかにも結構だが、今の若い人は、どうもあまり才気があって、肝腎《かんじん》な胆力というものが欠けているからいけない。いくら才気があっても、胆力がなかった日には何ができるものか。天下の事は、口頭や筆端ではなかなか運ばない。何にしろ今の世の中は、胆力のある人が一番必要だ。

武士道の挽回　武士的気風は、日を遂《お》うて頽《くず》れてくる。これはもとより困った事には相違ないが、しかしおれは今さらのようには驚かない。それは封建制度が破れれば、こうなるということは、ちゃんと前から分っていたのだ。今でもおれが非常な大金持であったら、四、五年の内にはきっとこの風を挽回してみせる。

それはほかでもない。全体封建制度の武士というものは、田を耕すことも要《い》らねば、物を売買することも要らず、そんな事は百姓や町人にさせておいて、自分らはお上《かみ》から禄を貰《もら》って、朝から晩まで遊んでいても、決して喰うことに困るなどという心配はないのだ。それゆえに厭《いや》でも応でもぜひに書物でも読んで、忠義とか廉恥《れんち》とか騒がなければ仕方がなかったのだ。それだから封建制度が破れて、武士の常禄というものがなくなれば、したがって武士気質《かたぎ》も段々衰えるのは当り前のことさ。その証拠には、今もし彼らに金をくれてやって、昔のごとく気楽なことばかり言われるようにしてさえやれば、きっと武士道も挽回することができるに相違ない。

苦しくても外債を謝絶　おれほど苦しんだものはあるまい。維新の際にはわずかに五十万円の金をもって十五万人の大勢を養ったが、人間というものは飯を食わせなければならないから、おれも実に閉口したヨ。

その時ロシアから金を貸そうと申出たけれども、おれは断然謝絶したのだ。なに、あの時札幌をでも抵当に入れれば、五百万円くらいは喜んで貸したのだから、そのうち百万円も着服すれば、おれは一生安楽に隠居ができたのだ。しかしおれはそんな悪漢ではないから、本当と思ってはいけないヨ。

人の元気がない　田舎《いなか》へ行ってみると、金持の屋敷のまわりに植えてある樹木なども、身代が左前になると、どんな大木でも何となく勢がなくなって見える。人間もその通りで、元気の盛んな時には、頭の上から陽炎《かげろう》のように焔《ほのお》が立っているものだ。しかるにこの頃往来を歩いてみると、どうも人間に元気がなくて、みんな悄然としているらしい。

裏棚社会に注意せよ　いつかおれは、紀州侯の御屋敷へ上った帰り途《みち》に、裏棚社会へ立寄って、不景気の実状を聞いたが、この先き四、五日の生活が続こうかと心配しているものが諸方にあったよ。畢竟《ひつきよう》社会問題というものは、おもにこの辺から起るのだから、為政家は、始終裏棚社会に注意していなければいけないヨ。

新米《にいごめ》や玉を炊《かし》ぐのおもひあり
落栗やしうと孫の糧《かて》二日
唐茄子《とうなす》に一日は餓《うえ》をいやしけり

丸腰で刺客に応対　今とは違って、昔は世の中は物騒で、坂本も広沢も斬られてしまい、おれもしばしば危いめにあった。けれどもおれは、常に丸腰でもって刺客に応対した。ある時長刀を二本差してきた奴があるので、おれは、お前の刀は抜くと天井につかえるぞといってやったら、その奴はすぐ帰ってしまった事があった。またある時はすでに刀を抜きかけた奴もあったが、そんな時にはおれは、斬るなら見事に斬れ、勝は大人しくしていてやるというと、たいていな奴は向うから止《や》めてしまう。

こういう風におれは一度も逃げもしないで、とうとう斬られずに済んだ。人間は胆力の修養がどうしても肝腎《かんじん》だヨ。

三河武士の美風　幕府には、三河武士の美風を受け正直な善い士《さむらい》があったが、天下の大《たい》勢《せい》を看破する力がなかったよ。岩瀬肥《ひ》後《ご》、小《お》栗上野《ぐりこうずけ》、川村対《つ》馬《しま》、戸川播磨《はりま》などはよい人物だったが、惜しいことにはみな死んでしまった。

人才などは眼玉一つ　近頃世間で時々西郷がいたらとか、大久保がいたらとかいうものがあるが、あれは畢竟《ひっきょう》、自分の責任を免れるための口実だ。西郷でも大久保でも、たとえ生きているとしても、今ではもはや老耄《ろうぼう》爺だ。人を当てにしては駄目だから、自分で西郷や大久保の代りをやればよいではないか。

しかし今日困るのは、差当り世間を承知さするだけの勲功と経歴とを持っている人才がいないことだ。けれども人才だってそう誂《あつら》え向きのものばかりはどこにもないサ。太公望は国会議員でも、演説家でも、著述家でも、新聞記者でもなく、ただ朝から晩まで釣ばかりしていた男だ。人才などは騒がなくっても、眼玉一つでどこにでもいるヨ。

天下の事に任ずるくらいのものは、今日朝野にどんな人物があるかということは、常に知っていなくては困る。おれなどはあらかじめその辺を調べて、手帳に留めておいた。すると瓦解の際におれの向うに立った奴は、西郷を初めみな手帳の中の人物に洩《も》れなかったヨ。天下に人物のいるかいないかぐらいの事は、坐《い》ながらにして知れるようでなくては、とても天下の大事に任ずることはできない。

これのみと断定するな　主義といい、道といって、必ずこれのみと断定するのは、おれは昔から好まない。単に道といっても、道には大小厚薄濃淡の差がある。しかるにその一を揚《あ》げて他を排斥するのは、おれの取らないところだ。人が来て囂々《ごうごう》とおれを責める時には、おれはそうだろうと答えておいて争わない。そして後から精密に考えてその大小を比較し、この上にもさらに上があるだろうと想うと、実に愉快で堪えられない。

もしわが守るところが大道であるなら、他の小道は小道として放っておけばよいではないか。智慧の研究は、棺の蓋をするときに終るのだ。こういう考えを始終持っていると実に面白いヨ。

気運恐るべし　世の気運が一転するには自《おのず》から時機がある。昔西洋人は七の数をもってこれを論ずると聞いたが、これは真《まこと》だろうヨ。

いつか、おれはこういう文を作った。

人心漸《ようや》く移転せんとする前まずその機動くの兆《きざし》顕然として生ず。機先転じて漸く顕著ならんとす。此際《このさい》人心穏やかならず、論争紛々、彼我《ひが》得失を争い、誹謗百出、旧主改良を論ずるもの三、四年、あるいは五、六年究極なきを。あるいは有力者あれば其説《そのせつ》に付和雷同して団結の勢《いきおい》を生ず。

気運というものは、実に恐るべきものだ。西郷でも、木戸でも、大久保でも、個人としては、別に驚くほどの人物でもなかったけれど、彼らは、王政維新という気運に乗じてきたから、おれもとうとう閉口したのヨ。しかし気運の潮勢が、次第に静まるにつれて、人物の価《あたい》も通常に復し、非常にえらくみえた人も、案外小さくなるものサ。

人には必ず一得　人はどんなものでも決して捨つべきものではない。いかに役に立たぬといっても、必ず何か一得はあるものだ。おれはこれまで何十年間の経験によって、この事のいよいよ間違いないのを悟ったヨ。

社会は大きい　人を集めて党を作るのは、一つの私《わたくし》ではないかと、おれは早くより疑っているヨ。人はみな、さまざまにその長ずるところ、信ずるところを行えばよいのサ。社会は大きいから、あらゆるものを包容して毫《ごう》も不都合はない。

卑近の例だが、酒屋も餅屋も、慈善家も高利貸も、差別なく貸家に住まわせてよいと同じだ。大屋《おおや》はただ屋賃を取り、適当に監督すれば、それでよいのサ。世の中の事でもただ機会と着手と、この二つをさえ誤らなければ、なに物でも放任しておいて差支えはない。

国が小さければ景色も小さい　おれはいったい日本の名勝や絶景は嫌いだ。みな規模が小さくてよくない。試みに支那へ行って揚子河口に臨《のぞ》むと、実に大海のように思われる。また、米国へ行って金門《きんもん》にはいっても気分が清々とする。国が小さければ、景色も小さく、人間の心も小さい。旧幕時代でも、御改革とか御倹約とかいうと、一番早く結果の顕《あらわ》れるのは、小大名だ。大大名ほど手間がとれる。支那などは、いつ何をするのか、別に目にはつかないけれど、何かやっているに相違ないのだ。

この日本は、全体誰が背負うかというに、まず国会だろう。しかしてこの国会は、少しの金でいかようにもなるではないか。寝とぼけている時勢後《おく》れの実業家にすら、左右せられるではないか。そんな小さい胆玉では、仕方がないワイ。

しかし日光はやや規模が大きいから、欧米の土地を踏んできた人に見せても決して恥かしくない。将来きっと繁昌するだろうヨ。

繁昌すれば火事の恐れがあると思って、数万坪の公園を作ったが、石碑は、その公園の真中にあるのだ。文も字もみなおれの手際だ。字体は竹添などが調べてくれたが、書き慣れぬ字だから、なかなか骨が折れたヨ。

石は石巻《いしのまき》の産だが、こんな大きな石は決して他にないそうだ。特別の汽車で送ったのだが、建立《こんりゅう》までには確かに七千人も人夫を使ったであろうヨ。人間の力も集めると大し

たものサ。（かくて碑面の石摺を示さる。その大きさ十畳の座敷に溢《あふ》る）

不平不足も進歩の一助　世の中に不足というものや、不平というものが始終絶えぬのは、一概にわるくもないヨ。

定見深睡という諺がある。これは西洋の翻訳語だが、人間は、とにかく今日の是《ぜ》は、明日の非、明日の非は明後日の是という風に、一時も休まず進歩すべきものだ。いやしくもこれで沢山という考えでも起ったらそれはいわゆる深睡で、進歩ということは、たちまち止まると戒めたのだ。

実にこの通りで、世の中は、平穏無事ばかりではいけない。少しは不平とか、不足とか騒ぐもののある方がよいヨ。これも世間進歩の一助だ。

一個人についても、その通りだヨ。おれなども、始終いたずらに暮らすということは決してない。しかし世間の人のように、伊藤内閣でも覆《ひっく》り返そうという風な野心はないヨ。

だがせっかく人間に生れたからは、その義務として、進むべきところまでは進もうと思って、始終研究しているのサ。

国が乱れると金が入用　世の中は議論ばかりでは行かない。実行が第一だ。国が乱れてきたら、誰がこの日本を背負うだろう。国が乱れると、金が入用だから、今のうちに金を貯えるのが大切だヨ。しかしあまり急ぐと邪魔が出るから、いつ松を植えたか、杉を植えたか、目立たないように百年の大計を立てるが必要サ。

一家の風波も金から　およそ一家の風波というものは、金から起るのだ。相馬《そうま》家だって、もし無産の家ならば、あんな大騒動も起らなかったであろうに、金があったが悪かったのサ。旧華族の失敗は、たいてい家令家扶がもとになり、新華族の失敗は、主人自らこれを招くのが多いヨ。

そこへもっていくと、さすがは徳川氏だ、門葉ほとんど天下に遍《あまね》しというほどだけれども、宗家をはじめ、分家の末に至るまで、未《いま》だ甚しき風波のないのはまず目出たいのサ。

人に功を立てさす　昔には、すべての事がまじめで、本気で、そして一生懸命であったヨ。なかなか今のように、首先ばかりで、智慧の出しくらべするのとは違っていたヨ。何人《なんぴと》も万一罷《まか》り違ったら、自分の身体を投げ出す覚悟で仕事をしたヨ。功労なら、人のものまで自分のだといい、過失なら、自分のものまで人のだというような事は、流行《はや》らなかったのサ。

みずから手を下さずと人がするままに任し、みずから我が功を立てずと、人に功を立てさするほど、気楽な事はまたと天下にあるまいヨ。

大悪人・大奸物　一身の栄辱を忘れ、世間の毀誉を顧みなくって、そして自ら信ずるところを断行する人があるなら、世の中では、たとえその人を大悪人といおうが、大奸物といおうが、おれはその人に与《くみ》するヨ。つまり大事業を仕遂げるくらいの人は、かえって世間からは悪くいわれるものサ。おれなども、一時は大悪人とか、大奸物とかいわれたッケ。しかしこの間の消息が分る人は甚だ少ないヨ。

死を軽んずる風　死を懼《おそ》れる人間は、もちろん談《はな》すに足らないけれども、死を急ぐ人も、また決して誉められないヨ。日本人は、一体に神経過敏だから、必ず死を急ぐか、または、死を懼れるものばかりだ。こんな人間は、ともに天下の大事を語るに足らない。元亀天正《げんきてんしよう》の間は、実に日本武士の花だった。しかし当時に、ただ死を軽んずるばかりを、武士の本領とするような一種の教育が行われて、ついには一般の風が、事に臨《のぞ》んで死を急ぎ、とにかくに一身を潔《いさぎよ》うするのをもって、人間の能事が了《おわ》ったとするようになったのは、実に惜しいものだ。

万般の責任を一人で引き受けて、非常な艱難にも堪え忍び、そして綽々《しやくしやく》として余裕があるということは、大人物でなくてはできない。こんな境遇においては、その胸中の煩悶は、死ぬるよりも苦しいヨ。

しかしそれが苦しいといって、事局のいかんをも顧みず、自分の責任をも思わず、自殺でもして当座の苦しみを免れようとするのは、畢竟《ひつきよう》その人の腕が鈍くて、愛国愛民の誠がないのだ。すなわちいわゆる屑々《せつせつ》たる小人だ。

日本人の短気　こういう風な潔癖と短気とが、日本人の精神を支配したものだから、この五百年が間の歴史上に、逆境に処して、平気で始末をつけるだけの腕のあるものを求めても、おれの気に入るものは、一人もない。

しかし強《し》いて求めると、まあ大石良雄と、山中鹿之助との二人サ。山中鹿之助が、貧弱の小国をもって、凡庸の主人を奉じ、しばしば失敗して、ますます奮発し、斃《たお》れるまではやめなかったことや、大石良雄が、若い者の議論を圧《おさ》えて、容易に城を明け渡し、山科《やましな》の月を眺めたり、祇園《ぎおん》の花に酔うたりなどして、復讐の念は、どこへか忘れたようであったけれども、ついには四十七士を糾合して、見事に目的を達した事などは、かの世間の少しの事に失望して自殺したり、または歳月と宴安とに志気を失ってしまったりする奴とは、たいした違いだ。

支那人の気長　支那は、さすがに大国だ。その国民に一種気長く大きなところがあるのは、なかなか短気な日本人などは及ばないヨ。たとえば、今回丁汝昌《ていじよしよう》が、死に処して従容《しよう》迫《よう》らなかったことなどは、実に支那人の美風だ。

この美風は、万事の上に顕《あらわ》れている。今回の如き、北洋艦隊は全滅せられ、旅順口や、威海衛などの要害の地は、悉《ことごと》く日本人の手に落ちても、かの国民は一向平気で、少しも驚かない。人はその無神経なのを笑うけれども、大国民の気風は、かえってこの中に認められるのだ。

丁汝昌も、いつかおれにいったことがあった。わが国は、貴国に較《くら》べると、万事につけて進歩は鈍いけれど、その代り一度動き始めると、決して退歩はしないといったが、支那の恐るべきところは、実にこの辺にあるのだ。

今回の戦争は万般のこと都合よく運び、もはや我国の勝利疑いないが、かれこれの長所短所を考え合わしてみると、おれは将来のことを案じるヨ。

後進の書生に望む　顧みれば、幕末の風雲に乗じて起り、死生の境に出入りをして、その心胆を錬り、窮厄の域に浮き沈みして、その清節を磨き、ついに王政維新の大業を仕遂げた元勲は、すでに土になって、今はその子分どもが政治を執《と》ってはいるけれども、今十年も後の国政を料理する責任は、現在学校などにいる書生の肩にあるのだ。どうだ、今の書生の中に、この大責任に堪えるだけのものがあるか。

おれの見たところでは、今の書生輩《ばら》は、ただ一科の学問を修めて、多少智慧がつけば、それで満足してしまって、さらに進んで世間の風霜《ふうそう》に打たれ、人生の酸味を嘗《な》めようというほどの勇気をもっているものは、少《すくな》いようだ。こんな人間では、とても十年後の難局に当って、さばきを付けるだけのことはできまい。おれはこんな事を思うと心配でならないヨ。

天下は、大活物《かつぶつ》だ。区々たる没学問や、小智識では、とても治めて行くことはできない。世間の風霜に打たれ、人生の酸味を嘗め、世態の妙を穿《うが》ち、人情の微を究《きわ》めて、しかる後、ともに経世の要務を談ずることができるのだ。小学問や、小智識を鼻にかけるような天狗先生は、仕方がない。

それゆえに、後進の書生らは、机上の学問ばかりに凝《こ》らず、さらに人間万事について学ぶ、その中に存する一種のいうべからざる妙味を嚼《か》みしめて、しかる後に、机上の学問を活用する方法を考え、また一方には、心胆を錬って、確乎不抜の大節を立てるように心がけるがよい。かくしてこそ、初めて十年の難局に処して、誤らないだけの人物となれるのだ。

かえすがえすも後進の書生に望むのは、奮《ふる》ってその身を世間の風浪に投じて、浮ぶか沈むか、生きるか死ぬかのところまで泳いでみることだ。この試験に落第するようなものは、到底仕方がないサ。

飢饉と貧乏　天保《てんぽう》の大飢饉の時には、おれは毎日払暁《よあけ》に起きて、剣術の稽古に行く前に、徳利搗《とくりづき》ということをやったヨ。これは、徳利の中へ玄米五合ばかりを入れて、その口へはいるほどに削った樫《かし》の棒で、こつこつ搗《つ》くのサ。おれは毎朝掌に豆のできるほど搗いてこれを篩《ふるい》でおろし、自ら炊いて父母に供したことがあるヨ。これは、白米は高くてとても買われず、かつは玄米にすると、糠《ぬか》や粉米《こなごめ》が出来るから、小身者のみなすることだ。世間には、また、こういう風にした米の研《と》げ汁を貰《もら》いにくる細民もあったヨ。しかし徳利搗にはおれも閉口したッケ。

当時幕府では、上野広小路へ救小屋《すくいごや》を設けて、貧民を救助したが、餓莩《がひょう》路に横《よこた》わるということはこの時実際にあったヨ。また、幕府は浅草の米庫を開いて、籾《もみ》を貧民に頒《わ》けたが、その時、最も古いのは、六十年前の籾で、その色が真赤だったヨ。それより下りて五十年前ぐらいのは、随分たくさんあったッケ。

赤土一升を、水三升で溶いて、これを布の上に厚く敷いて、天日に曝《さら》し、乾いてから、生麩《なまふ》の粉などを入れて団子を作り、また松の樹の薄皮を剝《そ》いで、鯣《するめ》のようにして、食物にしたのもこの時だ。おれもこの土団子を喰ってみたが、ずいぶん喰えば喰われたヨ。しかし、あまりたくさん食うと、黄疸《おうだん》のような顔色になるということだった。

おれはまたさし搗《つき》というのもやったことがある。これは一番米が減らないヨ。元来《がんらい》おれは貧乏だったから、自分で玄米を買ってきて、そしてこのさし搗をやったのサ。この頃は妻と二人暮しだったから、妻が病気でもした時には、おれは味噌漉《みそこし》を下げて、自分で魚や香《こう》の物を買いに行ったこともあるヨ。

今の若い者らが、時にはおれのところへ来て、無心をいうから、その時はおれの昔話をして聞かせるとノ、それでは飯が食えませんというヨ。まあ呆《あき》れるではないか。

生きているのは面倒臭い　人間生きているほど、面倒臭いものはない。それならといって、まさか首をくって死ぬわけにも行かず、伯爵の華族様が、縊死《いし》したとでも新聞に出されると恥だからノー。

無為にして閑寂　無為にして閑寂たるということは、大いに為《な》すあって、しかる後にやるべきものか、おれは少し惑うが、しかし今の人は、なぜこんなに擾々《じょうじょう》として、自ら事を為そうとするものが多いのだろう。

馬鹿の真似　何事も知らない風をして、ひとり局外に超然としておりながら、しかもよく大局を制する手腕のあったのは、近代ではただ西郷一人だ。世が文明になると、みな神経過敏になって、馬鹿の真似などはできなくなるから困る。

末路に処する　末路に処するということは、実にむずかしいものだ。大久保でも生きていたなら、藩閥政府の末路も、今少しは活気があるだろうヨ。大久保の時から見ると、世は非常に進歩したから、昔の大久保も、今日の我輩にはとても及ぶまいなど思う天狗先生もいるが、困ったものサ。

慶喜公の参内　こないだ徳川慶喜公が参内《さんだい》せられたのは、公は故有栖川宮《ありすがわのみや》の御息所《みやすどころ》とご親戚の間柄であるから、威仁親王《たけひと》が非常にご尽力になったのだ。これについては徳川家からおれへも相談があったから、おれもかねて望むところだによって内々奔走した。

　参内の翌日に慶喜公はわざわざおれのところへ来られて、天皇陛下に拝謁の際には、非常にご鄭重《ていちよう》なご待遇に預り、また、皇后陛下に拝謁の時にも、陛下からいろいろなお談《はなし》があって、その上美事《みごと》な銀の花瓶一対と、紅白の縮緬《ちりめん》と、金の御章を付した銀盃と、そのほかにも種々《さまざま》な品を下された事を申されたから、おれも生きていた甲斐《かい》があったと思って、覚えず嬉し涙がこぼれたよ。

　ソコで慶喜公にコウいったよ。この後もドコまでも品位を保って無暗《むやみ》に旧《もと》の大小名と往来《ゆきき》なさるな。旧の大名らと往来すればバ自ら品位を下げる。ソレばかりでハない。無益の入費《にゆうひ》がかかって、ソレでなくても多くの費《ひ》を要する公爵家が一層難儀する。三位様《さんみ》ハ可愛ソウだ。しかし是《これ》からハ巣鴨の邸《やしき》に永住さるるも、馬車などにハ決して乗らず、一人曳《びき》の人力車でドコへでもお出《いで》なされ。たまにハ徒歩して市中の有様《ありさま》などご覧なされというたら、ご示教ハ有りがたい。その通りします。ドコまでも天恩の辱《かたじけな》きに酬《むく》い奉り、祖宗の祀《まつり》を絶《たや》さないように勉むる故《ゆえ》、この絖《ぬめ》へ「楽天理」と書いてくだされと頼まれたから、おれはあまりの嬉しさに、涙の落ちるのを押えて快く承諾したが、さすがは水戸家で養育せられたお方だけあるとおもって、おれは今さら感心したヨ。


　　鎌倉にもとゐ開きしその末をまろかにむすぶ今日にもあるかな

結ぶうへにいやはりつめし厚氷春のめぐみに融《と》けて跡なき

おれの役目も、もうこれで終ったのだから、明日よりの事は、若い人に頼むよ。

江戸城と太田道灌　かつて宮内省から頼まれて、江戸の歴史を調べて、一部の書物を作ったが、城廓の沿革は勿論《もちろん》、法律、風俗、寺社、そのほかすべて漏れなく載せてある。これを調べる時に、一つ不審であったのは、江戸城が扇谷《おうぎがやつ》の執事太田道灌《どうかん》の居城にしては、あまり大きすぎるということだ。何の記録を見ても江戸城の門は、三十六とあって、全体の結構がなかなか大きそうだ。全体この時分の記録では、漆桶万里軒《うるしおけばんりけん》のが一番確からしい。この人は、もと京都相国寺《しょうこくじ》の僧で、後に道灌の客分になって顧問をしていたので、江戸名所図会などにも、沢山この人の記録から引いてあるが、この記録にもやはり城門三十六と書いてある。

そこで、いろいろ考えて行って、とうとうそのわけが分かった。当時扇谷は、関東の管領《かんれい》で、その居城は、今の川越であったが、平生は鎌倉に住んでいて、川越へは一年に、一、二度も行くばかりであった。それゆえに、万一八州の野に不意の兵乱でもあると、鎌倉と居城との連絡は忽《たちま》ち断たれる心配がある。そこで、これに対する予備として、八王子を初め、そのほか諸処につなぎの砦《とりで》を置いたので、江戸もまたその一つであるということが分った。

その頃の鎌倉街道というものは、高輪《たかなわ》の台から赤坂離宮の中を通っていたと見えて、あの離宮が紀州の屋敷であった時分には、現に鎌倉街道の一里塚が残っていた。鎌倉と川越とのつなぎの城を置くには、この江戸は、実に屈強なところだから、当時管領の威光でもって、城門が三十六もあるような大きな城をここへ築いて、八州の圧《おさ》えにしたのだ。そして道灌はすなわちその城代であったのだ。

道灌もこの城を築くについては、場所の選択にずいぶん骨を折ったものと見えて、諸々方々に縄張りなどした跡が残っている。今の道灌山なども畢竟《ひっきょう》その一つだ。それで諸方を検分した末、いま江戸城の立っている所が、一番よいということになったのだ。この頃江戸城の外《ほか》に、今の城山町や、伊皿子《いさらご》にも小さい砦があったということだ。

道灌という男、あの時代にしては、ずいぶん気品の高い人物で、八州の人心も大いに帰服した。そこで、その伊皿子におった某の讒言《ざんげん》にあって、ついにあの災難にかかったのだ。

「窓含《ハム》西嶺千秋雪《ノ》、門泊《ニス》東呉万里船《ノ》」という額を掛けてあった静勝軒は、今にたった一つ宮城の内に残っている、かの櫓《やぐら》の所にあったのだ。今では富士の雪ぐらいは見えるかも知れないけれど、海も何も見えはしない。しかし、道灌の頃には、八重洲《やえす》橋の外は、みんな海であったそうだから、あるいは東呉万里の船を門前に泊する景色も実際あったかも知れない。それから桜田門外より霞ケ関へかけても、ずっと諸屋敷があったらしいが、ともかくずいぶん規模が大きかったに相違ない。

奠都三十年祭　東京奠都《てんと》三十年祭について、先日岡部府知事などから、おれも発起委員になれといってきたから、おれはこういう風な返事を出そうと思ったけれど、せっかく人が骨を折っているのに、邪魔をするも気の毒だと思って、まあ止《やめ》にしたが、ちょっとこの草稿を読んでご覧。

戊辰《ぼしん》之変匆々《そうそう》已《すで》に過ぐ三十一年、今や遷都の奠を挙《あげ》んと、我を以てその委員中に加えんと聞く。我豈《あに》これに当らむ。蓋《けだし》府下無事に今日ある、その初め西郷氏の力なり。後区劃《くかく》尽力遷都の挙に及びしものは大久保氏の功なり。今なお氏あらばその殊功に可報《むくゆべき》なり。しかして両氏泉下《せんか》の人と化す。我独《ひとり》 存在前人の功に居て委員たるはその志に非ず。又知者の恥《はず》る所。かつて明治廿五年懐旧に堪《たえ》ず、竊《ひそか》に蕪詩《ぶし》を作り感慨の情を述ぶ。広く人に示さずといえども、これ我が素志。今に及で益《ますます》 老朽不便の身体を以て、衆人の後に付き空奔《くうほん》せむ哉。この情を察し、我を以て委員と成すなかれ。又思う、其奠たる旧に泥《なずま》ず。東都三十年上下その居に安《やすん》じ、業を楽《たのし》むものは、聖恩の厚《あつき》に出ず。衆民ここに感銘なせば、その挙止浮華に流れず、謹《つつしん》で以て祝賀すべし。これ我が素願なり。

三十一年三月

おれの精神は、この末の段にあるのだ。下々《しもじも》のものは、南京米を喰っているような今日だから、あまり金のいるような騒ぎなどはしないがよい。委員などもこのところへ注意しなくてはいけない。そこでこんな腰折ができたよ。

咲く花を散らさで祝へ田舎人

また、こういう発句と歌ができた。

上野飛鳥《あすか》都の花となりにけり
たちかえる我が古里の隅田《すみだ》川昔忘れぬ花の色かな

おしまいの歌は、昔江戸から静岡へ引払う時に、おれが「つねだにも住ままくほしき墨田川わが古郷《ふるさと》となりにけるかな」と詠《よ》んだのと前後照応しているのだ。どうだ面白いだろう。

西郷の力と大久保の功　先に見せた草稿にもある通りに、この東京が何事もなく、百万の市民が殺されもせずに済んだのは実に西郷の力で、その後を引受けて、この通り繁昌する基《もとい》を開いたのは、実に大久保の功だ。それゆえにこの二人のことをわれわれは決して忘れてはならない。

あの時、おれはこの罪もない百万の生霊を如何《どう》しようかということに、一番苦心したのだが、しかしもはやこうなっては仕方がない。ただ至誠をもって利害を官軍に説くばかりだ。官軍がもしそれを聴いてくれれば、それは官軍が悪いので、おれの方には少しも曲ったところがないのだから、その場合には、花々しく最後の一戦をやるばかりだと、こう決心した。

それで山岡鉄太郎が静岡へ行って、西郷に会うというから、おれは一通の手紙を托《あず》けて西郷へ送った。

山岡という男は、名前ばかりはかねて聞いていたが、会ったのはこの時が初めてだった。それも大久保一翁《いちおう》などが、山岡はおれを殺す考えだから用心せよといって、ちっとも会わなかったのだが、この時の面会は、その後十数年間莫逆《ばくげき》の交りを結ぶもとになった。

さて山岡に托けた手紙で、まずおれの精神を西郷へ通じておいて、それから彼が品川に来るのを待って、さらに手紙をやって、今日の場合、決して兄弟墻《けいていかき》に鬩《せめ》ぐべきでないことを論じたところが、向うから会いたいと言ってきた。

そこでいよいよ官軍と談判を開くことになったが、最初に、西郷と会合したのは、ちょうど三月十三日で、この日は何もほかの事は言わずに、ただ和宮《かずのみや》の事について一言いったばかりだ。全体、和宮の事については、かねて京都からおれのところへ勅旨が下って、宮も拠《よんどころ》ない事情で、関東へご降嫁になったところへ、図らずも今度の事が起ったについては、陛下もすこぶる宸襟《しんきん》を悩ましておられるから、お前が宜《よろ》しく忠誠を励まして、宮の御身の上に万一の事のないようにせよとの事であった。それゆえ、おれも最初にこの事を談《はな》したのだ。

「和宮の事は、定めて貴君もご承知であろうが、拙者も一旦お引受け申した上は、決して別条のあるような事は致さぬ。皇女一人を人質に取り奉るというごとき卑劣な根性は微塵《みじん》もござらぬ。この段は何とぞご安心下されい。そのほかのお談《はなし》は、いずれ明日罷《まか》り出《い》で、ゆるゆる致そうから、それまでに貴君も篤《とく》とご勘考あれ」と言い捨てて、その日はすぐ帰宅した。

江戸を戦火から守る　翌日すなわち十四日にまた品川へ行って西郷と談判したところが、西郷がいうには、委細承知いたした。しかしながら、これは拙者の一存にも計らい難いから、今より総督府へ出かけて相談した上で、なにぶんのご返答を致そう。が、それまでのところ、ともかくも明日の進撃だけは、中止させておきましょうといって、傍にいた桐野や村田に進撃中止の命令を伝えたまま、後はこの事について何もいわず昔話などして、従容《しょうよう》として大事の前に横《よこた》わるを知らない有様には、おれもほとほと感心した。

この時の談判の詳しいことは、いつか話した通りだが、それから西郷に別れて帰りかけたのに、この頃江戸の物騒な事といったら、なかなか話にならないほどで、どこからともなく鉄砲丸《だま》が始終頭の上を掠《かす》めて通るので、おれもこんな中を馬に乗って行くのは剣呑《けんのん》だと思ったから馬をば別当に牽《ひ》かせて、おれは後からとぼとぼ歩いて行った。

そしてようやく城門まで帰ると、一翁《いちおう》を初めとしてみなみながおれの事を気遣って、そこまで迎えに出ておったが、おれの顔を見るとすぐに、まずまず無事に帰ったのは目出たいが、談判の模様はどうであったかと尋ねるから、その顚末《てんまつ》を話して聞かせたところが、みなも大層喜んで、今し方まで城中から四方の模様を眺望していたのに、初めは官軍が諸方から繰込んでくるから、これは必定《ひつじょう》明日進撃するつもりだろうと気遣っていたが、先刻からはまた反対にどんどん繰出していくようなので、どうしたのかと不審に思っていたに、君のお談《はなし》であれば西郷が進撃中止の命令を発したわけと知れたというので、おれはこの瞬間の西郷の働きが行き渡っているのに実際感服した。談判が済んでから、たとえ歩いてとはいうものの城まで帰るに時間はいくらもかからないが、その短い間に号令がちゃんと諸方へ行き渡って、一度繰込んだ兵隊をまた後へ引戻すという働きを見ては、西郷はなかなか凡《なみ》の男でない、といよいよ感心した。

畢竟《ひっきょう》、江戸百万の人民が命も助かり、家も焼かれないで、今日のように繁昌しているのは、みんな西郷が諾《うん》といってくれたおかげだ。おれは始終この事を思っているから、世間が奠都《てんと》祭などと騒ぎ出さないうちに、ちゃんと心ばかりの事はしておいた。これを読んでみなさい。

明治廿五年四月十一日、即ち慶応三年戊辰《ぼしん》三月十五日より経ること実に廿五年。当時の情形を回想すれば、全都鼎沸《ていふつ》しほとんど乱麻のごとし。この日余は品川の牙営《がえい》に到り参謀に就く。諸士論ずるところあり。しかして西郷・村田・中村数氏、皆すでに泉下《せんか》の人と為《な》れり。余独《ひと》り無用老朽の身をもって瓦全し今に至る。人事の思議すべからざることとかくのごとく、悵旧《ちょうきゅう》の情に勝《た》へず。因《よ》りて絶句を賦《ふ》す。

皇国一大府《こうこくのいちだいふ》　此中無辜民《このうちむこのたみ》　如何為焦土《いかんぞしょうどとなるを》　思之独傷神《これをおもえばひとりしょうしん》

八万幕府士《はちまんばくふのし》　罵我為大奸《われをののしりてだいかんとなす》　知否奉天策《しるやいなやほうてんのさく》　今見全都安《いまぜんとのやすきをみる》

義軍勿嗜殺《ぎぐんさつをこのむなかれ》　嗜殺全都空《さつをこのめばぜんとむなしからん》　我有清野術《われにせいやのじゅつあり》　傚魯挫那翁《ろのなおうをくじきしにならわん》

官兵迫城日《かんぺいしろにせまるのひ》　知我独南洲《われをしるはひとりなんしゅう》　一朝誤機事《いっちょうきじをあやまらば》　百万化髑髏《ひゃくまんどくろとかせん》

おれの精神はこの四首の中に尽きているのだ。沢山な事は言わないでも、わかる人にはわかるからね。

東京今日の繁昌のもと　さて西郷の一諾で、一まず事は治まったが、ここに今一つの困難というのは、これから先、江戸の人民をどう始末しようかという問題だ。しかしおれの方では、徳川の城さえ明渡せば、後はみな官軍の方で適宜に始末するだろうと思って、初めは黙って見ていた。そこはおれも人がわるいからネ。

しかるところ、これには向うでも困ったと見えて、西郷も相応には人がわるいサ、府下の事は何もかも勝さんがご承知だから、宜《よろ》しくお願い申すといって、このむつかしい仕事をおれの肩へ投げかけておいて、自分にはそのまま奥州の方へ行ってしまった。

おれも忌々《いまいま》しかったけれど、仕様もないからどうかこうか手を付けかけたところが、大村益次郎《ますじろう》などいう男がおれを悪《にく》んで、兵隊なんか差向けて酷《ひど》くいじめるので、あまり馬鹿々々しいから家へ引込んで、それなり打ちやっておいた。

すると大久保利通が来て、是非々々と懇《ねんご》ろに頼むものだから、それではとて、おれもいよいよ本気に肩を入れるようになったのだ。

この江戸の市中の事は、おれはかねて精密に調べておいたのだが、当時の人口はざっと百五十万ばかりあった。そのうち、徳川氏から扶持《ふち》を貰《もら》っておったものは勿論《もちろん》、そのほか諸大名の屋敷へ出入りする職人や商人などは、みな直接間接に幕府のおかげで食うていたのだから、幕府の瓦解とともに、こんな人たちは忽《たちま》ち暮らしが立たなくなる道理だ。

全体江戸は大坂などとは違って、商売が盛んなのでもなく、物産が豊かなのでもなく、ただただ政治の中心というので、人が多く集るから繁昌していたばかりなのだ。それゆえに、幕府が倒れると、こうなるのはもとより知れきっている事サ。

ついてはこの人たちに、何か新たな職業を与えなければならないのだが、なにしろ百五十万という多数の人民が食うだけの仕事というものは容易に得られない。そこでおれは、この事情を精《くわ》しく大久保に相談したら、さすがは大久保だ、それでは断然遷都の事に決しようと、こういった。すなわちこれが東京今日の繁昌のもとだ。

ちょうどこの事の決する時には、大久保と吉井とおれと三人同席しておったのだが、大久保も吉井もすでに死んでしまって、おればかり老いぼれながらも生き残っているので、まことに今昔の感に堪えないよ。

先に見せた草稿の中に、江戸が無事に終ったのは、西郷の力で、東京が今日繁盛しているのは、大久保の功と書いておいたのは、まずこんなわけサ。

誠の一字　世間の人はややもすると、芳《ほう》を千載《せんざい》に遺《のこ》すとか、臭を万世に流すとかいって、それを出処進退の標準にするが、そんなけちな了見で何ができるものか。男児世に処する、ただ誠意正心をもって現在に応ずるだけの事さ。あてにもならない後世の歴史が、狂といおうが、賊といおうが、そんな事は構うものか。要するに、

処世の秘訣は誠の一字だ。

［完］

勝《かつ》海《かい》舟《しゅう》
徳《とく》富《とみ》蘇《そ》峰《ほう》(序) 吉《よし》本《もと》襄《のぼる》(撰)
氷《ひ》川《かわ》清《せい》話《わ》
2018年7月10日初版第一刷
印刷 日本ハイコム　製本 加藤製本
発行 土曜社
東京都渋谷区猿楽町11-20-301
大文館書店版(1933年)を底本とした

土曜社の刊行物

※全56点，成立年順，2018年７月

西暦	著者	書名	本体
1791	フランクリン	フランクリン自伝	1,850
1897	勝海舟	氷川清話	895
1904	岡倉天心	日本の目覚め	714
1906	岡倉天心	茶の本	595
1914	マヤコフスキー	悲劇ヴラジーミル・マヤコフスキー	952
1915	マヤコフスキー	ズボンをはいた雲	952
1916	マヤコフスキー	背骨のフルート	952
	マヤコフスキー	戦争と世界	952
1917	マヤコフスキー	人間	952
	マヤコフスキー	ミステリヤ・ブッフ	952
1919	大杉栄	獄中記	952
1920	マヤコフスキー	一五〇〇〇〇〇〇〇	952
1922	マヤコフスキー	ぼくは愛する	952
	マヤコフスキー	第五インターナショナル	952
	大川周明	復興亜細亜の諸問題　上	495
	大川周明	復興亜細亜の諸問題　下	495
1923	大杉栄	日本脱出記	952
	大杉栄	自叙伝	952
	山川均ほか	大杉栄追想	952
	大杉栄	My Escapes from Japan（日本脱出記）	2,350
	マヤコフスキー	声のために（ファクシミリ版）	2,850
	マヤコフスキー	これについて	952
1924	マヤコフスキー	ヴラジーミル・イリイチ・レーニン	952
1927	マヤコフスキー	とてもいい！	952
1928	マヤコフスキー	南京虫	952
	マヤコフスキー	私自身	952
1929	マヤコフスキー	風呂	952
1930	永瀬牙之輔	すし通	795
1939	モーロワ	私の生活技術	795
1942	大川周明	米英東亜侵略史	795

西暦	著者	書名	本体
1952	坂口安吾	安吾史譚	795
1953	坂口安吾	信長	895
1955	坂口安吾	真書太閤記	714
1960	ベトガー	熱意は通ず	1,500
1964	ハスキンス	Cowboy Kate & Other Stories	2,381
	ハスキンス	Cowboy Kate & Other Stories（原書）	79,800
	ヘミングウェイ	移動祝祭日	714
1965	オリヴァー	ブルースと話し込む	1,850
1972	ハスキンス	Haskins Posters（原書）	39,800
1991	岡崎久彦	繁栄と衰退と	1,850
2001	ボーデイン	キッチン・コンフィデンシャル	1,850
2002	ボーデイン	クックズ・ツアー	1,850
2012	アルタ・タバカ	リガ案内	1,991
	坂口恭平	Practice for a Revolution	1,500
	ソロスほか	混乱の本質	952
	坂口恭平	Build Your Own Independent Nation（独立国家のつくりかた）	1,100
2013	黒田東彦ほか	世界は考える	1,900
	ブレマーほか	新アジア地政学	1,700
2014	安倍晋三ほか	世界論	1,199
	坂口恭平	坂口恭平のぼうけん　一	952
	meme（ミーム）ひがしちか，塩川いづみ，前田ひさえ	3着の日記	1,870
2015	ソロスほか	秩序の喪失	1,850
	防衛省防衛研究所	東アジア戦略概観2015	1,285
	坂口恭平	新しい花	1,500
2016	ソロスほか	安定とその敵	952
年二回	ツバメノート謹製	A 4 手帳	952